资产评估案例分析

杨芳 编著

立信会计出版社

图书在版编目(CIP)数据

资产评估案例分析 / 杨芳编著. --上海：立信会计出版社，2024.10. -- ISBN 978-7-5429-7723-6

Ⅰ．F20

中国国家版本馆 CIP 数据核字第 2024MN5083 号

策划编辑　　　王斯龙
责任编辑　　　王秀宇
美术编辑　　　吴博闻

资产评估案例分析

ZICHAN PINGGU ANLI FENXI

出版发行	立信会计出版社		
地　　址	上海市中山西路 2230 号	邮政编码	200235
电　　话	(021)64411389	传　　真	(021)64411325
网　　址	www.lixinaph.com	电子邮箱	lixinaph2019@126.com
网上书店	http://lixin.jd.com		http://lxkjcbs.tmall.com
经　　销	各地新华书店		
印　　刷	常熟市华顺印刷有限公司		
开　　本	787 毫米×1092 毫米	1/16	
印　　张	12.75		
字　　数	249 千字		
版　　次	2024 年 10 月第 1 版		
印　　次	2024 年 10 月第 1 次		
书　　号	ISBN 978-7-5429-7723-6/F		
定　　价	46.00 元		

如有印订差错,请与本社联系调换

前　言

随着我国经济飞速发展,资产评估已经成为现代市场经济中非常重要的基础性专业服务活动。鉴于我国社会主义市场经济的快速发展对资产评估人才的需求,按照党的教育方针,我们编写了本书。本书的编写突出理论与实践相结合,内容兼具启发性与拓展性。

本书内容的设计以提高学生的综合实践能力为核心,基于资产评估基本理论与方法的实践运用,以单项资产价值评估和企业价值评估为主。编者结合数智时代发展需要,还编写了数据资产评估案例;并根据党的二十大报告中"必须牢固树立和践行绿水青山就是金山银山的理念",编写了海洋资源价值、湖泊价值、自然遗产价值、农业文化遗产价值等方面的评估案例,以期全面拓宽学生视野、启发学生深入思考,帮助学生在学习过程中牢固树立高质量发展的社会主义建设新理念。

本书整理、编写的21个案例是编者自2011年以来承担资产评估专业硕士课程教学任务及指导硕士研究生开展案例研究过程中逐年积累与完善的成果。每个案例详细介绍了案例背景、资产评估资料、分析思路、理论依据、关键要点等方面,同时本书还配有教学指导资料,如案例的教学目的与用途、建议的课堂计划等内容,以帮助教师更好地使用相应案例进行教学。本书案例资料的收集、整理及编写充分考虑各类资料的时效性、前沿性。尽可能以最新的数据资料为主,但由于资产评估活动中评估时点的确定往往决定了相应资产价值的影响因素和评估方法的选择,部分案例为了突出教学重点、凸显相关价值影响因素的作用只能结合特定评估基准日进行案例梳理。不过,这并不影响该案例的教学价值。

本书可作为资产评估相关课程的教师的教学参考资料或学生的课后延展学习资料,有助于资产评估专业本科学生及硕士研究生能够更深入地理解资产评估理论及实务,亦可以作为资产评估从业人员提升及拓展执业能力的辅助学习资料。

本书的编写借鉴和参考了很多资料,特向相关作者及资料来源网站、信息平台表示诚挚的感谢!也要感谢自2011年以来云南民族大学历届资产评估专业硕士研究生对本书案例积累所付出的努力,并特别感谢2022级资产评估专业硕士李寿怡、李奕蓉对本书内容所进行的认真整理与核对。同时,云南民族大学及立信会计出版社在本书的编著、出版过程中给予了全面的支持与帮助,在此一并表示衷心感谢!

学无止境,然而学识有限。本书可能存在疏漏与不足,恳请广大读者批评指正!

编者

2024 年 9 月

目　录

案例一	明确资产评估基本事项及签订业务约定书	001
案例二	资产评估程序	012
案例三	自制机器设备评估	017
案例四	外购进口机器设备价值评估	025
案例五	房地产抵押贷款评估	036
案例六	商标价值评估	051
案例七	品牌价值评估	061
案例八	无形资产侵权价值评估	067
案例九	海洋资源价值评估	078
案例十	基于生态系统服务功能视角的湖泊价值评估	083
案例十一	金融资产价值评估	093
案例十二	股权收购与并购中的企业价值评估	099
案例十三	资产重组背景下的企业价值评估	110
案例十四	高新技术企业价值评估	132
案例十五	传媒文化企业价值评估	140
案例十六	市场化债转股价值评估	150
案例十七	自然遗产价值评估	155
案例十八	非物质文化遗产价值评估	160
案例十九	农业文化遗产价值评估	165
案例二十	网络直播企业数据资产价值评估	174
案例二十一	资产评估报告	182

案例一 明确资产评估基本事项及签订业务约定书

一、案例背景

进入 21 世纪以来,随着我国互联网经济的发展,以杂志和报纸为代表的纸质媒体受到了很大冲击,发行量不断减少,发展状况不容乐观。"互联网+新媒体"的整合发展正在冲击纸质媒体的市场。G 杂志社抓住改革机遇,不断优化创新体制机制,响应国家政策,拟进行改制转型,使出版结构更合理,市场竞争力更强劲。

二、资产评估资料

(一) 案例相关方概况

1. 委托方概况

企业名称:G 杂志社

注册地址:G 市 J 区 W 路 7 号

法人代表:L

注册资本:壹佰万元整

企业类型:事业单位

成立时间:2000 年 9 月 7 日

营业期限:2000 年 9 月 7 日至 2030 年 9 月 6 日

2. 评估机构概况

企业名称:H 资产评估有限公司

注册地址:G 市 J 区 K 路 21 号

法人代表:M

注册资本:伍仟万元整

企业类型:有限责任公司

成立时间:2008 年 12 月 21 日

营业期限:2008 年 12 月 21 日至 2038 年 12 月 20 日

（二）资产评估委托合同

资产评估委托合同

2023〔×〕第×××号

委托方(甲方)：G 杂志社
   住所：G 市 J 区 W 路 7 号
   联系人：L   联系电话：020-87255678

评估机构(乙方)：H 资产评估有限公司
   住所：G 市 J 区 K 路 21 号
   联系人：M   联系电话：020-87251234

甲方委托乙方对其提出的资产进行评估。经双方协商，达成以下条款：

一、资产评估目的

甲方拟进行企业改制，本次资产评估结果作为该经济行为计算相关资产价值的参考。

二、资产评估对象和范围

根据资产评估目的，本次资产评估的对象是企业改制涉及的全部权益价值；范围是 2023 年 2 月 28 日资产与负债（以审计报告为准）。具体清单详见甲方提交给乙方的资产清查评估明细表。

三、资产评估基准日

评估基准日由甲方确定为 2023 年 2 月 28 日。

四、资产价值类型

本次评估采用市场价值类型。

五、资产评估报告提交期限

在甲方充分配合的基础上，乙方必须保证组织足够的评估力量按照甲方的进度安排在合理的工作时间内完成评估工作，提交资产评估报告。

在甲方提供齐备有关评估资料并协助乙方勘查现场后，乙方于 2023 年 4 月 30 日前向甲方提交资产评估报告。

六、甲方的责任与义务

1. 甲方的责任

(1) 对评估目的所涉及相关经济行为的合法性、可行性负责。

(2) 提供评估对象法律权属等资料，并对所提供评估对象法律权属资料的真实性、合法性和完整性承担责任。

(3) 提供评估必要的资料,并对提供给乙方的会计账册、评估明细表、资产清查及使用情况等评估数据、资料和其他有关文件、材料的真实性、合法性、完整性负责。

(4) 根据评估目的对应经济行为的需要恰当地使用评估报告。

2. 甲方的义务

(1) 及时按资产评估的要求向乙方提供真实、充分、合法的资料,法律权属证明文件及其他相关法律文件。

根据资产评估的要求,对各项资产进行全面清查、盘点。

(2) 认真填写各项清查明细报表,在乙方要求的时间内报送乙方;对提供的清查明细表及相关证明材料以签字、盖章或者其他方式进行确认。

(3) 在评估过程中组织人力、物力协助乙方,以及为乙方的评估人员提供必要的工作条件和配合。

(4) 根据评估业务的需要,负责资产评估师与评估项目相关当事方之间的协调和沟通。

(5) 除法律、法规规定以及甲、乙双方另有约定之外,未征得乙方同意,甲方对乙方提供的包括评估报告、补充说明、解释、建议在内的文件和材料不得摘抄、引用或者披露于公开媒体。

(6) 按照约定条款及时足额支付评估服务费用。

七、乙方的责任与义务

1. 乙方的责任

(1) 遵守国家有关法律、法规和资产评估准则要求,对评估对象在评估基准日特定目的下的价值进行分析、估算并发表专业意见。

(2) 维护所发表专业意见的独立性、客观性、公正性。

(3) 对甲方或被评估单位所提供的有关文件资料和执业过程中获知的商业秘密,应妥善保管并负保密责任。除法律、法规另有规定的以外,未经甲方书面许可,乙方和资产评估师不得将评估报告内容,以及甲方或被评估单位提供的有关文件资料和执业过程中获知的商业秘密向第三方提供或者公开。

2. 乙方的义务

(1) 遵守相关资产评估的有关法规和规范要求,及时拟定资产评估工作方案和工作计划,确定评估途径和方法。

在收到符合评估要求的各项报表、资料后,及时组织相关的专业评估人员做好评估对象现场勘察工作。

(2) 配合甲方相关经济行为的实施进度,在合理的工作时间内完成评估分析、估算,并将问题及时反馈给甲方。

（3）在甲方和相关当事方的协助下，根据资产评估工作方案和计划如期完成资产评估工作。

（4）按照相关资产评估规范中对评估质量和评估报告的要求发表专业意见和出具评估报告。

（5）督促执行评估业务的人员遵守职业道德，诚实正直，勤勉尽责，恪守独立、客观、公正的原则。

八、资产评估服务费用

根据项目的特点、工作量等情况，结合行业收费惯例，经双方协商确定本次评估费为：人民币肆万捌仟元整（CNY 48 000）。甲方须在提交评估报告后10个工作日内通过转账方式将上述评估费支付到乙方账户内（户名：H资产评估有限公司，开户行：12345，账号：67890）；如甲方支付现金，须通知乙方财务部（联系电话：02×-87251234），否则所造成的经济损失，由甲方负责。

九、资产评估报告使用者和使用责任

（1）乙方提供的资产评估报告使用者是甲方和国家法律、法规规定的评估报告使用者。

（2）除法律、法规另有规定的以外，资产评估报告由本合同约定的评估报告使用者于约定的资产评估目的、评估结论使用有效期内合法使用。

（3）乙方和评估专业人员不对因甲方和其他评估报告使用者不当使用评估报告所造成的后果承担责任。

（4）除本合同约定的评估报告使用者以外，如需要增加其他评估报告使用者，甲方应以书面形式向乙方提出，并得到乙方的书面同意。否则，评估报告将失效，乙方亦不对其他报告使用者承担任何责任；同时，乙方拥有追索甲方和其他报告使用者不当使用评估报告对乙方造成损失的权利。

（5）除法律、法规规定以及甲方和乙方另有约定以外，报告使用者未征得乙方同意，对乙方提交的包括资产评估报告、补充说明、解释、建议等文件和材料在内的各项内容不得摘抄、引用或者披露于公开媒体。

十、资产评估报告提交方式

（1）乙方完成资产评估有关程序后，向甲方提交经乙方和经办专业评估人员签章的纸质版资产评估报告书。

（2）乙方向甲方提交正式资产评估报告书一式六份。

十一、委托合同的有效期限

（1）本合同一式三份，甲方执一份，乙方执二份，具有同等法律效力。

（2）本合同自双方签字盖章后生效。

十二、委托合同事项的变更

（1）本合同签订后，签约各方若发现相关事项约定不明确，或者履行评估程序受到限制需要增加、调整约定事项的，可通过友好协商对相关条款进行变更，并签订补充协议或者重新签订资产评估委托合同。

（2）本合同签订后，评估目的、评估对象、评估基准日发生变化，或者评估范围发生重大变化，签约各方应签订补充协议或者重新签订资产评估委托合同。

十三、违约责任和争议解决

（1）如乙方无故终止履行本合同，所收评估费应退还甲方，并赔偿由此造成甲方的相关损失。

（2）如因甲方原因终止履行本合同，而且乙方已实施了相应评估程序，乙方所收评估费不予退还。若乙方已完成的工作量所对应的应收评估费超过乙方已收取的评估费，乙方可以要求甲方按照已完成的工作量支付相应的评估费。

（3）当执行评估程序所受限制对与评估目的相对应的评估结论构成重大影响时，乙方可以中止履行合同，并将所收评估费扣除与已完成工作量相对应的评估费后的余额退还甲方；相关限制无法排除时，乙方可以单方解除合同而不承担违约责任。

（4）因甲方要求出具虚假资产评估报告或者有其他非法干预评估结论情形的，乙方有权单方解除资产评估委托合同。

（5）执行本合同如发生争议，甲、乙双方选择如下方式处理：①提交有管辖权的人民法院审理；②提交双方认可的仲裁委员会仲裁。

委托方（甲方）：G 杂志社　　　　　　　　评估机构（乙方）：H 资产评估有限公司
法定代表人：L　　　　　　　　　　　　　法定代表人：M
签订日期：2023 年 1 月 21 日　　　　　　 签订日期：2023 年 1 月 21 日

三、分析思路

（一）资产评估业务受理前的准备工作

根据《资产评估执业准则——资产评估委托合同》（中评协〔2017〕33 号附件）第 2 条相关规定，资产评估委托合同是指资产评估机构与委托人订立的，明确资产评估业务基本事项，约定资产评估机构和委托人权利、义务、违约责任和争议解决等内容的书面合同。同时，资产评估机构开展资产评估业务应当与委托人订立资产评估委托合同。

根据《资产评估执业准则——资产评估程序》（中评协〔2018〕36 号附件）第 8 条相关规定，资产评估机构受理资产评估业务前，应当明确下列资产评估业务基本事项：

（1）委托人、产权持有人和委托人以外的其他资产评估报告使用人。

（2）评估目的。

（3）评估对象和评估范围。

（4）价值类型。

（5）评估基准日。

（6）资产评估项目所涉及的需要批准的经济行为的审批情况。

（7）资产评估报告使用范围。

（8）资产评估报告提交期限及方式。

（9）评估服务费及支付方式。

（10）委托人、其他相关当事人与资产评估机构及其资产评估专业人员工作配合和协助等需要明确的重要事项。

（二）资产评估委托合同的订立

根据《中华人民共和国资产评估法》（以下简称《资产评估法》）第23条、《资产评估执业准则——资产评估委托合同》第4条，明确资产评估机构受理资产评估业务应当要求委托人依法订立资产评估委托合同。同时，《资产评估执业准则——资产评估委托合同》第5条进一步明确资产评估机构及其资产评估专业人员应当关注未及时订立资产评估委托合同开展资产评估业务可能产生的风险。如果因委托人等原因导致无法及时订立资产评估委托合同，资产评估机构及其资产评估专业人员应当采取措施保护自身的合法权益。

四、理论依据

资产评估委托合同是指评估机构与委托方签订的，明确评估业务基本事项，约定评估机构和委托方权利、义务、违约责任和争议解决等内容的书面合同。

（一）资产评估委托合同的主要内容和要求

资产评估委托合同通常包括以下内容和要求。

1. 评估双方基本信息

资产评估机构和委托人的名称、住所、联系人及联系方式名称（或姓名），请注意以上内容应使用全称，不可简化或使用代号。

2. 评估目的

资产评估委托合同载明的评估目的应当表述明确、清晰。允许双方在合同里约定评估目的不同的一揽子评估业务。例如，某客户拟先将某标的企业进行增资扩股，再剥离其中与亏损业务相关的资产和负债，最后将标的企业剥离后的资产整体注入某公司。这三个经济行为的目的并不一样，基准日也有差异，但拟委托同一个机构开展资产评估服务。委托人与资产评估机构可以在一个资产评估委托合同中对所涉及的资产评估服务进行一揽子安排。

3. 评估对象和评估范围

资产评估机构应当与委托人进行沟通，根据资产评估业务的要求和特点，在评估委托合同中明确表述评估对象和评估范围。

4. 评估基准日

资产评估基准日应当明确年、月、日。资产评估是为特定经济行为服务的，现时性评估业务选择的评估基准日应尽可能与评估目的的实现日接近，以保证评估结论能有效地服务于评估目的。

5. 资产评估报告使用范围

《资产评估执业准则——资产评估委托合同》要求："使用范围包括资产评估报告使用人、用途、评估结论的使用有效期及资产评估报告的摘抄、引用或披露。"《资产评估法》《资产评估基本准则》具体规范了评估报告的使用责任。

6. 资产评估报告提交期限和方式

为明确委托和受托双方的权利与义务，评估业务双方应共同协商后，在委托合同中明确提交评估报告的期限。评估报告提交方式包括当面提交或邮寄方式等，双方也应协商后约定。

7. 评估服务费总额或者支付标准、支付时间及支付方式

评估服务费是评估机构为委托人提供评估服务收取的费用，实行市场调节价，由评估机构和委托人协商确定。评估服务费可以约定为服务费总额，也可以约定为支付标准。支付标准通常适用于按提供服务时间收取费用的情形。例如，约定参与资产评估项目的相关级别人员的单位工时收费标准，最后按确认的服务工时结算。还应约定计价货币种类，并明确资产评估服务费未包括的与资产评估服务相关的其他费用的内容及承担方式。

协商服务费时主要考虑以下因素：①资产规模和资产分布情况。②评估机构拟投入的人力资源、耗费的工作时间以及不同人力资源的综合成本。③评估业务的难易程度。④评估机构和评估专业人员可能承担的风险和责任。⑤评估机构和评估专业人员的社会信誉和工作水平等。

约定支付时间及方式时，评估机构可以根据项目特征、委托人信用等因素，约定委托人一次性支付或者分期支付评估服务费。

基于投入成本的进度考虑，评估机构可以要求委托人按照评估服务进度，采用分期付款的方式支付评估费。例如，可以约定在评估专业人员开始现场调查、提供评估报告征求意见稿、提交正式评估报告等节点，委托人按照一定比例支付评估服务费。

资产评估机构及评估专业人员无法左右委托人经济行为的进程，也没有承担保证经济行为按期实现的义务，因此评估服务费的支付不应当与委托人经济行为是否完成

相联系。

8. 资产评估机构和委托人的其他权利和义务

委托人应当提供必要的工作条件和协助,负责评估机构及其评估专业人员与其他相关当事人之间的协调。依法提供评估业务需要的资料并保证资料的真实性、完整性、合法性,恰当使用评估报告是委托人和其他相关当事人的责任。

对评估对象在评估基准日特定目的下的价值进行分析估算并出具资产评估报告,是资产评估机构及其评估专业人员的责任。如果委托人拒绝提供或者不如实提供资料,资产评估机构有权拒绝履行资产评估委托合同。

9. 违约责任和争议解决

违约责任是指当事人一方或者双方不履行或者不适当履行委托合同,依照法律规定或按照当事人的约定应当承担的法律责任。在委托合同中,应约定纠纷解决方式、地点,违约责任的承担条件、承担方式(如违约金、赔偿金额及其计算方法)等。解决争议的方法包括:协商和解、第三人调解、仲裁、诉讼。当事人可以在委托合同中约定解决争议的方法。

10. 合同当事人签字或者盖章的时间

根据《中华人民共和国民法典》(以下简称《民法典》),采用合同书形式订立合同的,合同当事人签字或者盖章的时间即是合同成立的时间。除非法律法规另有规定,依法成立的合同,自成立时生效。

11. 合同当事人签字或者盖章的地点

采用合同书形式订立合同的,合同当事人签字或者盖章的地点为合同成立的地点。约定合同成立地点以便在出现合同纠纷时为确定司法管辖增加备选信息。

不能在合同中约定的内容有:①约定对应纳入评估范围的资产不进行评估。②约定不履行现场调查等必要的评估程序。③约定随意指定(或舍弃适用的)评估方法、指定评估结果等,避免评估委托合同成为资产评估机构不遵循评估法规的依据。

订立评估委托合同时尚未明确的内容,评估委托合同签约方可以采取订立补充合同或法律允许的其他形式作出后续约定。

(二) 资产评估委托合同的订立

订立委托合同前,资产评估机构应当进行以下准备工作:

(1) 全面了解、认知委托人的主体资格、信用资质、履约能力等信息。

(2) 收集委托人的营业执照、资质文件、代理人的授权文件等资料。

(3) 审查委托人代理的授权文件及代理事项、代理期限和代理权限。

(4) 避免与不能独立承担民事责任的组织(如公司部门)签订合同,也避免签订与委托人履约能力明显不相符的合同。

资产评估委托合同应当由资产评估机构的法定代表人(或执行合伙事务合伙人)签字并加盖资产评估机构印章。公司制的资产评估机构的分公司可以在总公司的授权范围内对外签订合同,但其对外签订合同的民事责任由总公司承担。对授权内部人员和分支机构签署委托合同的情形,评估机构可以通过内部管理制度加以规范。《民法典》规定,采用合同书形式订立合同,在签字或者盖章之前,当事人一方已经履行主要义务,对方接受的,该合同成立。

评估实务中,如果因委托人等原因导致无法及时签订资产评估委托合同,资产评估机构和资产评估专业人员应关注未及时签订资产评估委托合同可能产生的风险,并采取必要的措施。

(三)资产评估委托合同的补充或变更

根据《民法典》有关规定,合同生效后,当事人就质量、价款或者报酬、履行地点等内容没有约定或者约定不明确的,可以协议补充;不能达成补充协议的,按照合同有关条款或者交易习惯确定。当事人协商一致,可以变更合同。法律、行政法规规定变更合同应当办理批准、登记等手续的,依照其规定。

资产评估委托合同签订后,发现相关事项存在遗漏、约定不明确,或者合同履行中约定内容发生变化的,如评估目的、评估对象、评估基准日等发生变化,资产评估机构与委托人可以协议订立补充委托合同或者重新订立评估委托合同,或者协商一致以法律允许的其他方式,如传真、电子邮件等形式,对评估委托合同的相关条款进行变更。

(四)资产评估委托合同提前终止及解除

《民法典》第 562 条规定,当事人协商一致,可以解除合同。当事人可以约定一方解除合同的条件。解除合同的条件成就时,解除权人可以解除合同。

《资产评估法》赋予了资产评估机构在法定情形下可以拒绝履行或单方解除资产评估委托合同的权利,包括以下内容:

(1)委托人和其他相关当事人如果拒绝提供或者不如实提供开展资产评估业务所需的权属证明、财务会计信息或其他相关资料的,资产评估机构有权拒绝履行资产评估委托合同。

(2)委托人要求出具虚假资产评估报告或者有其他非法干预评估结论情形的,资产评估机构有权单方解除合同。

此外,还存在非资产评估机构及其评估专业人员原因,导致资产评估委托合同解除的其他情形:

(1)委托人提前终止资产评估业务、解除资产评估委托合同。

(2)因委托人或其他相关当事人原因导致资产评估程序受限,资产评估机构无法履行资产评估委托合同,在相关限制无法排除时资产评估机构单方解除资产评估委托合同。

评估机构可以在洽商、订立委托合同时与委托人约定:相关法定或特定的资产评估委托合同提前终止、解除的情形发生时,由委托人按照已经开展资产评估业务的时间、进度,或者已经完成的工作量支付相应的评估服务费。

(五)特殊委托

司法鉴定或其他特殊业务建立评估委托关系所采用的文书并不一定使用资产评估委托合同的形式。针对实践中存在的这些特殊业务,资产评估委托合同准则规定,以其他形式建立委托关系的应符合法律要求。例如,对于司法执行中确定财产处置参考价的评估业务,其委托关系的凭证即为人民法院的评估委托书,而无须签订资产评估委托合同。与特殊委托有关的法律条文规定如表1-1所示。

表1-1 与特殊委托有关的法律条文规定

法律法规	相关规定
《人民法院委托评估工作规范》(法办〔2018〕273号印发)	人民法院通过询价评估系统向所确定的评估机构发送评估委托书,评估机构收到人民法院通过询价评估系统发出的评估委托书,如果存在不能评估的法定情形,则应在3个工作日提出不承接委托评估申请,向人民法院说明情况 如果未在规定期限内提出上述申请的,视为接受委托,双方建立司法评估委托关系
《最高人民法院关于人民法院确定财产处置参考价若干问题的规定》(法释〔2018〕15号)	评估委托书应当载明财产名称、物理特征、规格数量、目的要求、完成期限以及其他需要明确的内容等,同时应当将查明的财产情况及相关材料一并移交给评估机构
《人民法院委托司法执行财产处置资产评估指导意见》(中评协〔2019〕14号附件)	资产评估机构及其资产评估师发现评估基本事项与评估委托书载明的事项存在差异,或者评估委托书遗漏需要明确的评估基本事项的,应当与人民法院进行沟通,并在3日内以书面形式对差异事项或者遗漏事项予以反馈,由人民法院予以处理

五、关键要点

(1)关键所在:掌握资产评估委托合同的组成与明确签订注意事项。

(2)关键知识:资产评估委托合同。

(3)能力点:通过案例学习,了解资产评估委托合同,进而掌握资产评估基本事项的知识点。

六、结语

该案例主要介绍了资产评估委托合同的订立与内容,希望读者借此能对资产评估业务流程及相关内容有一定了解。

❓ 思考题

（1）资产评估业务承接前，需要做哪些准备工作？

（2）资产评估业务洽谈的过程中，需要与委托方明确哪些事项？

（3）资产评估委托合同通常应包括哪些基本内容？

案例二 资产评估程序

一、案例背景

罗顿发展有限公司（以下简称"罗顿发展"）为确定其长期投资中的上海名门世家四期商业广场项目投资的市场价值，聘请了中广信资产评估有限公司（以下简称"中广信"）对投资项目在评估基准日 2014 年 12 月 31 日的价值进行评估，评估范围为上海名门世家四期商业广场 A、B、C、D、E 区的 14 803.72 平方米的商业用房、2 184 平方米的车库及其土地使用权。

二、资产评估资料

（一）相关信息

1. 委托方概况

罗顿发展的主营业务为酒店经营与管理、装饰工程、油品销售以及网络产品的制造和销售，公司下属的金海岸罗顿大酒店是海南省 7 家五星级酒店之一，公司在海南博鳌水城大灵湖规划区万泉河畔的 1 800 亩（1.2 平方千米）土地，被用来兴建国际友好村、度假别墅区等项目。罗顿发展还斥巨资参与了上海浦东名门世家商业广场项目，该项目有望获得丰厚回报。罗顿发展正着手进行产业结构和区域布局的调整，在保持酒店经营、装饰工程等传统业务稳定发展的前提下，进入以网络及通信产品为代表的高科技产业，为公司今后的发展寻求新的利润增长点，并将业务重点向上海转移。

2. 评估机构概况

中广信于 1990 年 11 月经珠海市人民政府批准，工商行政管理部门注册登记设立，于 1999 年完成机构脱钩改制，是具有法人资格，并经国家有关部门核发资产评估许可证而从事资产评估的专门机构。中国证券监督管理委员会确认其具有从事证券业务资产评估资格，它也是中国资产评估协会团体会员单位。

（二）评估项目基本情况及测算过程

中广信与罗顿发展约定本次评估目的是确定罗顿发展对长期投资中的上海名门世家四期商业广场项目投资在评估基准日 2014 年 12 月 31 日的市场价值，为罗顿发展的会计核算提供参考依据；评估对象范围包括上海名门世家四期商业广场A、B、C、D、E区的14 803.72平方米的商业用房、2 184平方米的车库及其土地使用权；资产价值类型采用市场价值；评估服务费为人民币5万元。

双方约定中广信于2015年3月4日前提供评估报告电子版终稿，2015年3月10日前提供纸质版正式报告。黄元助是本次评估项目负责人、签字评估师；中广信负责人汤锦东为另一签字评估师；外聘人员张晓晶实际负责本次评估项目的现场勘查与资料收集、评定估算、底稿以及报告的编制工作。

2015年1月17日，张晓晶选取罗顿发展名下住宅交易案例作为可比较案例，使用市场法，估算并确定评估值512 304 620.00元，在没有提交黄元助等中广信内部审核的情况下，将包含上述评估值的评估明细表通过邮件发给罗顿发展的王某智。罗顿发展对上述评估明细表上的评估值进行了会计核算，审计机构也在上述评估值的基础上进行了年报审计。

2015年3月3日，黄元助对张晓晶以前述住宅案例完成的评估报告初稿进行修改后提交中广信质控部门审核，由于存在计价依据不足及停车场无询价记录问题，未通过中广信的质控审核。2015年3月4日，黄元助向张晓晶反馈复核部门的复核意见，要求张晓晶依据复核意见修订评估报告。同日，张晓晶在找不到可比较案例的情况下通过电子邮件向罗顿发展王某智发送该评估报告初稿，评估值仍然为512 304 620.00元。审计机构于2015年3月6日出具了审计报告。

2015年7月底，由于罗顿发展催要正式评估报告，中广信也催收评估费用，张晓晶重新进行了询价，她在网上获取2015年7月的3个可比较商铺案例，将交易日期篡改为2014年12月31日，根据案例调整评估说明，编制工作底稿，同时相应调整评估报告，但仍然维持评估值512 304 620.00元不变，最终通过了中广信的质控审核。黄元助与张晓晶出于"评估报告日期应在审计报告之前"的考虑，最终决定将报告日期倒签为2015年1月15日，并报汤锦东同意。中广信于7月底正式签发了"中广信评报字〔2015〕081号"评估报告书及同一编号的评估说明书。2015年9月22日，罗顿发展支付了5万元评估费。

综上，中广信在业务实施过程中存在诸多错误的行为。作为一名资产评估从业者，应当掌握正确的资产评估程序并严格遵守。

三、分析思路

(一) 明确评估业务基本事项

根据相关准则规定，评估机构受理评估业务前，应当明确以下事项。

(1) 委托人、产权持有人和委托人以外的其他评估报告使用人。

(2) 评估目的。

(3) 评估对象和评估范围。

(4) 价值类型。

(5) 评估基准日。

(6) 资产评估项目所涉及的需要批准的经济行为的审批情况。

(7) 评估报告使用范围。

(8) 评估报告提交期限和方式。

(9) 评估服务费及支付方式。

(10) 委托人、其他相关当事人与资产评估机构、资产评估专业人员工作配合和协助等其他需要明确的事项。

(二) 订立业务委托合同

评估机构在决定承接评估业务之后,应当与委托人订立资产评估委托合同。

资产评估委托合同是指评估机构与委托人订立的,明确评估业务基本事项,约定评估机构和委托人权利、义务、违约责任和争议解决等内容的书面合同。

资产评估委托合同应当由资产评估机构的法定代表人(或执行合伙事务合伙人)签字并加盖资产评估机构印章。

公司制的资产评估机构的分公司可以在总公司的授权范围内对外签订合同,但其对外签订合同的民事责任由总公司承担。

对授权内部人员和分支机构签署委托合同的情形,评估机构可以通过内部管理制度加以规范。

《民法典》第490条规定,采用合同书形式订立合同,在签字或者盖章之前,当事人一方已经履行主要义务,对方接受的,该合同成立。

(三) 编制资产评估计划

资产评估专业人员应当根据资产评估业务的具体情况编制资产评估计划,并合理确定资产评估计划的繁简程度。

明确资产评估计划的具体情况,包括明确资产评估计划的评估目的、评估基准日、评估对象的资产规模和资产分布特点、评估报告提交期限等。

一般资产评估的简单项目,不需要太多人员,过程较简单,计划可以适当简化。复杂、庞大的项目,环节多、工作量大、投入人员多,要与注册会计师、律师等中介机构人员的工作协调对接,需要编制详尽的评估计划,尽可能考虑各种重大不确定性因素并加以防范;不论评估计划繁或简,都要思路清晰、简明扼要。另外,资产评估机构应同委托人及相关当事人保持沟通,保证计划的可操作性。

(四) 进行评估现场调查

现场调查是了解资产状况的重要方法,不能用其他方法替代。现场调查主要是为了了解评估对象现状,核实评估对象的存在性和完整性。首先,了解评估对象的现实状况。评估专业人员应确定资产状况的调查内容,既要与资产价值的影响因素相关,支持资产价值的评定和估算,也要能系统、全面、充分反映资产价值影响因素的实际状况,没有遗漏。其次,关注评估对象的法律权属。现场调查的手段包括询问、访谈、核对、监盘、勘查等。资产评估专业人员可以根据重要性原则采用逐项或者抽样的方式进行现场调查。

(五) 收集整理评估资料

资产评估专业人员在执行现场调查程序,对资产状况有了客观、全面、充分的了解后,还需进一步收集整理评估资料,对收集的资料进行核查验证,形成评定估算的依据。

(六) 评定估算形成结论

该程序主要包括恰当选择评估方法、形成初步评估结论、综合分析确定资产评估结论等具体工作。

资产评估方法主要包括市场法、收益法和成本法三种基本方法及其衍生方法。每种基本方法下还有具体的评估方法,资产评估专业人员应当根据评估目的和价值类型、评估对象、评估方法的适用条件、评估方法应用所依据数据的质量和数量等影响评估方法选择的因素恰当选择评估方法。

在选定评估方法之后,资产评估专业人员还需要合理选择技术参数、应用评估模型等,形成初步评估结论。资产评估专业人员应当对形成的初步评估结论进行分析,判断采用该种评估方法形成的评估结论的合理性。在此基础上,分析不同方法评估结论的合理性以及不同方法评估结论差异的原因,综合考虑评估目的、价值类型、评估对象现实状况等因素,最终形成合理的评估结论。

(七) 编制出具评估报告

资产评估专业人员在履行评定估算程序后,应当编制初步资产评估报告,并进行内部审核;出具资产评估报告前,在不影响对评估结论进行独立判断的前提下,可以与委托人或者委托人同意的其他相关当事人就评估报告有关内容进行沟通;最终出具、提交正式资产评估报告。

《资产评估执业准则——资产评估报告》《企业国有资产评估报告指南》《金融企业国有资产评估报告指南》对相关资产评估报告的内容和编制有具体的规范要求。

(八) 整理归集评估档案

资产评估档案整理归集工作,是指评估机构建立评估档案并进行收集、整理、保管和提供利用等活动。整理归集评估档案是资产评估专业人员将已执行完毕的评估报告及工作底稿等形成符合资产评估准则要求的档案,并移交评估机构档案管理部门的工作过程。评估档案归集是《资产评估法》和资产评估准则规定的资产评估必备程序。

四、理论依据

《资产评估基本准则》和《资产评估执业准则——资产评估程序》规定的八项基本评估程序包括:明确业务基本事项、订立业务委托合同、编制资产评估计划、进行评估现场调查、收集整理评估资料、评定估算形成结论、编制出具评估报告、整理归集评估档案。

资产评估程序是指资产评估机构及资产评估专业人员执行资产评估业务所履行的系统性工作步骤。不同的资产评估业务由于评估对象、评估目的不同,可获取的资产评估资料完备度以及所选用的评估方法存在差异,资产评估专业人员对每项基本程序需要执行的具体工作步骤是有差异的。但执行规范化的资产评估程序是必须的。

资产评估准则规定资产评估机构及其资产评估专业人员可以根据评估业务的具体情况及重要性原则确定履行基本程序的繁简程度,但不得随意减少资产评估基本程序。

五、关键要点

(1) 关键所在:掌握资产评估程序,认清程序规范化的重要性。
(2) 关键知识:正确的资产评估基本评估程序。
(3) 能力点:通过案例学习,了解评估步骤,进而掌握资产评估程序的知识点;树立正确的从业价值观。

六、结语

本案例通过中广信对罗顿发展投资项目的评估过程中的错误程序进行分析,让读者认识到了解正确程序的重要性,并介绍了基本评估程序的内容,希望读者能够借此理解正确执行资产评估程序的必要性。

思考题

(1) 资产评估程序的作用是什么?
(2) 资产评估程序的内容和要求有哪些?
(3) 资产评估程序在评估机构和评估人员实务操作中什么意义?

案例三 自制机器设备评估

一、案例背景

机器设备是资产评估中最常见的资产类型。在企业价值评估业务中,机器设备经常作为企业的一个组成部分进行评估;机器设备本身发生转让、出资、抵押、保险等经济行为时,通常也要对其进行价值评估。本案例描述了 M 公司委托某评估机构对其一条罐装生产线的价值进行评估,评估基准日为 2023 年 8 月 31 日,最终评估值为 168.92 万元。

二、资产评估资料

(一) 设备基本信息

设备名称:罐装生产线

型号规格:型号为 a

制造厂家:E 厂家

安装地点:主厂房

启用日期:2021 年 8 月

数量:1 条

账面原值:200.00 万元(包括外购机器设备 160.00 万元,自制设备 30.00 万元,运费、安装调试费用 10.00 万元)

市场调查资料显示,原外购设备部分已换代,功能基本不变,但技术更先进,用料更节约,自制设备也有改进的必要。

(二) 重置价值的确定

1. 外购设备部分

M 公司向该生产线的外购设备厂家——E 厂家询价,该套设备现行出厂价为 200.00 万元人民币(含包装费),成套购买优惠 15%。已知外购设备年折旧率为 8.33%。重置价值计算过程如下:

外购设备更新重置全价＝200.00×(1－15％)×(1－8.33％×2)＝141.68(万元)

2. 自制设备部分

经与技术人员共同研究，M公司计划按现行技术条件更新自制设备，其中，钢材成本占30％，铸铁成本占20％，人工费用占30％，制造费用占20％。目前钢材价格比原制造时上涨50％，铸铁价格上涨80％，人工成本上涨100％，一般制造费用上涨50％，M公司的成本核算符合实际，各部分上涨价值的具体估算如下：

钢材成本＝30.00×30％×(1＋50％)＝13.50(万元)

铸铁成本＝30.00×20％×(1＋80％)＝10.80(万元)

人工成本＝30.00×30％×(1＋100％)＝18.00(万元)

制造费用＝30.00×20％×(1＋50％)＝9.00(万元)

合计＝13.50＋10.80＋18.00＋9.00＝51.30(万元)

3. 运费、安装调试费用

经调查，设备运输费用上升20％；安装调试中水泥用量减少30％，水泥价格上涨10％；用工量减少50％，但用工费上涨100％。总费用中，运输费占50％，水泥用量费用占20％，人工调试费占30％。综上，运费和安装调试费用的重置成本全价估算如下：

水泥用量费用＝10.00×20％×(1－30％)×(1＋10％)＝1.54(万元)

人工调试费＝10.00×30％×(1－50％)×(1＋100％)＝3.00(万元)

运输费＝10.00×50％×(1＋20％)＝6.00(万元)

运输、安装调试费用＝1.54＋3.00＋6.00＝10.54(万元)

4. 生产线更新重置价值

根据该生产线几部分重置价值的计算，可以得出生产线的重置价值。具体计算如下：

重置价值＝外购设备重置价格＋自制部分更新重置价格＋运输、安装调试费用重置价格
　　　　＝141.68＋51.30＋10.54＝203.52(万元)

（三）成新率的确定

该生产线启用至今，运行状态一直良好，设备运转率在90％以上。根据资产评估人员的现场勘查，该生产线生产出的产品质量符合生产工艺要求，控制装置传动灵活、操作可靠、无机件缺损现象，属于完好设备。该设备的经济寿命年限一般为12年，目前已累计使用2年。根据上述的现场勘查情况，结合设备完好的技术条件，并充分听取了该设备管理人员、使用人员的使用情况介绍和经验判断后，资产评估人员确定该设备的尚可使用年限为10年。成新率的计算如下：

成新率＝尚可使用年限÷(已使用年限＋尚可使用年限)×100％＝10÷(2＋10)×100％＝83％

（四）评估结果

如前所述，由于被评估设备的功能状况和使用情况均正常，在本次评估中没有考虑功能性贬值和经济性贬值。因此该生产线的评估值计算如下：

$$评估值 = 203.52 \times 83\% = 168.92(万元)$$

三、分析思路

机器设备特征明显，机器设备根据来源可以分为外购机器设备和自制机器设备，本案例主要介绍自制机器设备的评估思路，仅供参考。

根据《资产评估准则——机器设备》规定，资产评估师执行评估业务，应当根据评估对象、价值类型、资料收集情况等相关条件，分析市场法、收益法和成本法三种资产评估基本方法的适用性，恰当选择一种或多种资产评估基本方法。

（一）市场法适应性分析

市场法是根据公开市场上与被评估对象相似的或可比的参照物的价格来确定被评估对象的价格的方法。如果参照物与被评估对象并不完全相同，需要根据被评估对象与参照物之间的差异对价值的影响作出调整。市场法比较适用于有成熟的市场、交易比较活跃的机器设备评估。

（二）收益法适应性分析

收益法是通过预测设备的获利能力，对未来资产带来的净利润或净现金流按一定的折现率折为现值，作为被评估机器设备的价值的方法。使用收益法的前提条件是要能够确定被评估机器设备的获利能力、净利润或净现金流量，以及确定资产合理的折现率；但是大部分单项机器设备不具有独立获利能力，此时不能采用收益法进行评估。

（三）成本法适应性分析

成本法，又称重置成本法，是用现时条件下重新购置或建造一个全新状态的被评估资产所需的全部成本，减去被评估资产已经发生的实体性贬值、功能性贬值和经济性贬值，得到的差额作为被评估资产的评估值；也可估算被评估资产与其全新状态相比有几成新，即求出成新率，然后用全部成本与成新率相乘，得到的乘积作为评估值。

1. 重置成本的确定

重置成本包括购置或购建设备所发生的必要的、合理的成本、利润和相关税费等。

2. 综合成新率的确定

首先，通过对照设备铭牌技术参数，根据设计使用年限、已使用年限和尚可使用年限，测算出该设备的年限成新率。

其次，通过现场设备勘察，全面了解设备的原始制造质量、运行现状、使用维修、保养情况,以及现时同类设备的性能更新、技术进步影响因素,综合考虑设备的实体性贬值、功能性贬值和可能存在的经济性贬值,确定其现场勘察成新率。

最后,对年限成新率和现场勘察成新率分别赋予权重后确定综合成新率。

3. 评估值的确定

评估值的计算公式如下:

$$评估值 = 待估资产重置成本 \times 综合成新率$$

(四) 机器设备(自建)资产评估的四个阶段

1. 评估前期准备

本阶段的主要工作是:资产评估人员根据评估工作的需要,向资产占有方布置评估准备工作,并对资产占有方有关人员进行辅导,由资产占有方填报资产评估报告申报表。资产评估人员协助资产占有方进行资产申报工作,同时收集资产评估所需的各种文件资料,制订资产评估工作计划。

2. 现场清查核实

资产评估人员根据有关规定,对评估范围内的资产进行产权清查核实和价值评估,具体步骤如下:

(1) 听取资产占有方对企业情况、待评估资产历史和现状的介绍。

(2) 根据资产占有方申报的资产内容,资产评估人员到现场对实物资产进行逐项勘查。

(3) 根据资产的实际状况和特点,以及取得的相关资料和会计准则的要求,确定资产的评估方法。

(4) 查阅产权证明文件、设备购置合同以及相关凭证。

(5) 开展市场调研、询价工作。

(6) 对资产占有方的资产进行价值评估测算。

3. 进行资产评估汇总分析

资产评估人员根据对各类资产的初步评估结果,进行汇总分析工作,在确认评估工作中没有发生重复和遗漏的情况下,根据汇总分析情况对资产评估结果进行修改、校对与必要的调整和完善。汇总分析结果经三级审核后形成正式评估报告。

4. 提交报告

资产评估人员根据评估工作应遵循的原则,向委托方提交资产评估报告书初稿,对委托方提出的意见进行判断和修改后,出具正式评估报告。

四、理论依据

(一) 影响机器设备资产价值的主要因素

1. 时间利用率

设备时间的利用好坏将直接影响生产能力的发挥,从而影响设备的效率。为了分

析设备的时间利用情况,可对设备时间作如下划分:

(1) 日历时间,是指按日历日数计算的时间。

(2) 制度时间取决于设备的工作制度。当采用连续工作制时,制度时间就是日历时间;当采用间断工作制时,制度时间是日历时间扣除节假日、公休日及不工作的轮班时间后,设备应工作的时间。

(3) 计划工作时间,是指从制度时间中扣除计划停开后的工作时间。

(4) 实际工作时间,是指从计划工作时间中扣除因事故、材料供应、电力供应等原因造成的停工时间。

设备时间利用情况通常用两个指标反映,即计划时间利用率和日历时间利用率,其计算公式如下:

$$计划时间利用率 = \frac{实际工作时间}{计划工作时间} \times 100\%$$

$$日历时间利用率 = \frac{实际工作时间}{日历时间} \times 100\%$$

这两个公式分别表示计划规定时间的利用情况和全年日历时间(即最大可能时间)的利用情况。

2. 设备能力利用率

设备的数量和时间利用指标从不同的角度反映了设备的利用情况。但是,有时可能出现设备的数量和时间虽得到充分利用,而产品的实际生产量却并不高的情况,其原因是设备能力没有全部发挥出来。通常可以采用设备能力利用率来反映生产设备能力的利用。设备能力利用率是单位时间内平均实际产量与设备在单位时间内最大可能产量之比,其计算公式如下:

$$设备能力利用率 = \frac{单位时间内实际平均产量}{单位时间内最大可能产量} \times 100\%$$

最大可能产量是按设备设计能力计算的,如果设备改进或生产技术提高,设备已突破了原设计能力,则最大可能产量就应根据改进后设备的生产能力来计算。

3. 设备的维护、检查、修理、更新与技术改造、报废

1) 设备的维护

设备的维护是指为了保持设备处于良好工作状态、延长其使用寿命所进行的日常工作,包括清理擦拭、润滑涂油、检查调校,以及补充能源、燃料等消耗品等。设备维护有日常维护和定期维护两种。

2) 设备的检查

设备的检查是指按规定的标准、周期和检查方法,对设备的运行情况、技术状况、工

作精度、零部件老化程度等进行检查。设备检查分为日常检查、定期检查、精度检查和法定检查等。

3）设备的修理

设备的修理是指通过修复或更换磨损零件，调整精度、排除故障、恢复设备原有功能而进行的技术活动。

按照设备的修理策略，设备修理分为预防性修理、事后修理、改善修理和质量修理。其中，后三种较常见，预防性修理是指按事先的计划和相应的技术要求所进行的修理活动，其目的是防止设备性能、精度的劣化，从而降低故障率。预防性修理可分为小修理、中修理、大修理和项目维修。小修理（简称"小修"）通常只需修复、更换部分磨损较快和使用期限等于或小于修理间隔期的零件，调整设备的局部机构，以保证设备能正常运转到下一次计划修理。中修理（简称"中修"）是对设备进行部分解体，修理或更换部分接近失效的主要零部件和其他磨损件，并校正机器设备的基准，使之恢复并达到技术要求。大修理（简称"大修"）是对设备进行全部拆卸和调整，更换或修复所有磨损零部件，全面恢复设备的原有精度、性能及效率，以达到设备出厂时的水平。项目维修（简称"项修"）是根据设备的实际情况，对状态劣化已难以达到生产工艺要求的部件进行针对性维修。

4）设备的更新与技术改造

设备的更新是指用技术性能更高、经济性更好的新型设备来代替原有的落后设备。设备的技术改造，是指应用现代科学技术的新成果，对旧设备的结构进行局部改革，如安装新部件、新附件或新装置使设备的技术性能得到改进。

5）设备的报废

设备由于有形磨损、无形磨损或其他原因而不能继续使用并"退役"的，被称为设备报废。设备报废绝大多数是由于长期使用造成设备的零部件变形、变质、减重、老化，使结构损坏、性能劣化、精度不能满足生产工艺的要求；有的是因为人为事故或自然灾害，使设备损坏而报废；有的是因为耗能高、污染严重，国家要求强制淘汰。

根据《中华人民共和国节约能源法》和《中华人民共和国环境保护法》的规定，国家实行淘汰能耗高的老旧技术、工艺、设备和材料的政策，不符合能耗标准的机器设备应立即报废或限期报废。所以企业可能存在部分在用设备因不符合能源、环保要求而报废或在一定时间内退出使用，甚至包括一些没有出库的新设备。

（二）自制机器设备评估

该案例在估算购置价格时采用了市场法。对于市场上有销售定价的设备，可以采用市场询价的方法估算其购置价格。在具体询价时应注意以下原则：①必须是评估基准日的价格。②必须采用具有权威性的、贸易量大的贸易单位的价格。③尽可能向原设备制造厂家询价。结合实际情况,本案例就是向原设备制造厂家——E厂家询价的,所以被估设备的购置价格合理性较高。

被评估设备属于国产机器设备,其重置价值由外购设备购置价格、自制设备费用、运费和安装调试费构成。其中,运费是从生产厂家到安装使用地点所发生的装卸、运输、采购、保管、保险及其他有关的费用。它的计算方法有两种:一是根据设备的生产地点、使用地点以及重量、体积、运输方式,根据铁路、公路、船运、航空等部门的运输计费标准计算;二是按设备价格的一定比例作为设备的运杂费率,以此来计算设备的运杂费。对于运杂费率的确定,国家有专门的机械行业运杂费率表。具体的运杂费率由评估师结合费率表和距离(从生产厂家到安装使用地点)、设备的尺寸、重量及相关因素确定。自制设备费用包括建造设备基础所发生的人工费、材料费、机械费及全部取费。安装调试费是指设备在安装的过程中所发生的所有人工费、材料费、机械费及全部合理开销。它可以按设备购置价格的一定比例计算得出,这个比例通常可以按所在行业概算指标中规定的设备安装费率来确定。本案例中,该罐装生产线安装生产2年后,因市场同类生产线销售价格上涨和自制配套设备原材料与人工生产成本上升以及运费上升,该罐装生产线重置成本评估值比原购买价格并没有降低多少。

成新率是表示设备新旧程度的比率。估测机器设备的成新率通常有三种方法:使用年限法、观测分析法和修复费用法。其中,观测分析法中的技术鉴定法是较为科学的具体方法,主要是根据机器设备的内在技术状态来确定成新率,这比用看外观和访问用户得出的资料来确定成新率更加可靠和准确。本案例中是先用使用年限法和技术鉴定法分别得出被评估设备的成新率,再加权平均得出综合成新率。尽管这种加权平均方法的使用、具体权重的确定可能缺乏牢靠的科学依据,但这种方法的使用却可以降低成新率出现大的偏差的概率。此外,在使用年限法确定成新率过程中,结合被评估机器设备的特点和具体使用情况,对实际使用年限作出相应的调整是必要的。

在大型设备评估中,评估分析需要对设备技术运行情况进行调查,应该利用现有的技术检测部门的技术分析报告,但应明确指出评估结果成立的前提条件及法律责任的归属问题,以免由于其他专业报告的原因导致评估结果的偏误,给评估师带来风险。

五、关键要点

(1)关键所在:掌握自建机器设备评估方法及思路。

(2)关键知识:自建机器设备重置价值的测算方法,在机器设备的具体评估中如何准确地计算重置价值至关重要。

(3)能力点:通过案例学习,了解评估步骤,进而掌握自建机器设备评估步骤的知识点。

六、结语

该案例以 M 公司自建设备为例,通过运用成本法,对其设备进行估值,希望为我国自建机器设备价值评估提供一些参考,帮助读者掌握自建机器设备评估的基本方法。

思考题

(1) 成本法评估自建机器设备需要考虑的因素有哪些?

(2) 机器设备的重置成本有哪些估算方法?

案例四 外购进口机器设备价值评估

一、案例背景

机器设备是现代社会生产中的一项重要资产,无论是传统的农业、林业、采矿业、重化学工业、电力工业、制造业,还是新兴的微电子及信息产业,任何现代产业领域的发展都需要机器。在历史上,17世纪蒸汽机的出现引发了工业革命,机车的发明促使铁路运输产业的兴起,现在正在进行的信息革命是以微电子技术的出现及计算机的普及为核心的。价值属性是设备作为资产形态的重要属性。近年来,我国的评估机构完成了大量的工业企业价值评估工作。在工业企业中,机器设备是主要资产,我国的资产评估师在机器设备评估方面投入了大量精力。本案例描述了N公司欲以公司拥有的进口机器设备等资产对外联营投资,故委托某评估机构对该进口设备的价值进行评估,评估基准日为2021年11月30日,评估值为11 031.49万元。

二、资产评估资料

(一) 外购设备基本信息

设备名称:可逆式冷轧机

规格型号:ZR22852型

设备产地:A国F厂家

启用日期:2018年11月

组成部分:机械和电气两部分

(二) 外购设备评估值的计算

本案例对外购设备的价值评估采用成本法,具体思路为:首先估测被评估资产的重置成本,其次估测被评估资产业已存在的各种贬损因素,最后将其从重置成本中予以扣除而得到被评估资产价值。其计算公式如下:

$$机器设备评估值 = 重置成本 - 实体性贬值 - 功能性贬值 - 经济性贬值$$

1. 重置成本分析

本案例是外购进口机器设备评估的案例。在计算重置全价时,资金成本的计算值得关注。资金成本的计算关键要确定两个因素:一是资金量的大小和投入时间的长短,二是资金的单位使用成本。前者根据实际情况来确定,后者要具体分析资金的平均投资收益率,通常用银行的存贷款利率来计算。本案例就根据资金投入时间的长短,分别选用了银行一年期贷款利率和半年期贷款利率来计算资金成本。

2. 实体性损耗分析

确定设备实体性损耗率常用的方法有:使用年限法、观测分析法和修复费用法。修复费用法的使用有一定的条件,其他两种方法的适用范围更大。本案例采用的是进行因素调整后的使用年限法,是使用年限法和观测分析法在一定层面上的结合。

3. 功能性损耗分析

功能性损耗是由技术进步引起的,具体是通过将被评估设备与功能相同,但性能更好的新设备进行比较,分析两者在运营上的差异并量化,即可得到被评估设备的功能性损耗。在这个过程中,差异分析是很关键的一步。由于本案例采用市场询价,功能性贬值因素已在其重置成本中剔除,不需另外考虑。

4. 经济性损耗分析

经济性损耗是指由于外部条件的变化引起资产收益、资产利用率发生持续减少、下降或者闲置等而造成的资产价值损失。本案例委托设备保持正常生产,故不计经济性贬值。

5. 评估过程

1) 计算公式

与外购设备价值评估有关的计算公式如下:

$$CIF 价 = FOB 价 + 国外运输费 + 国外运输保险费$$

$$重置现价 = CIF 价 + 银行财务费 + 外贸手续费 + 海关监管手续费 +$$
$$国内运杂费 + 安装调试费 + 设备基础费$$

$$重置全价 = 重置现价 + 资金成本$$

$$评估价值 = 重置全价 \times 综合成新率$$

2) 重置全价的估算

重置全价的估算过程如下。(计算结果保留两位小数)

(1) FOB价。评估人员在确定的评估基准日向A国F厂家进行了询价,了解到该机型主要是由机械和电气两部分组成,只是在机组的构成上略有差异,并增加了一个防震器。新型的设备现行 FOB 报价为 1 530.00 万美元。针对这一情况,评估人员经与有关冷轧机专家共同分析研究,对报价与成交价格的差别以及新型冷轧机与被估冷轧机增加了一个防震器的差别进行了测算。按照通常情况,实际成交价一般在报价的基础上压价 10% 左右。针对新冷轧机增加了一个防震器,经向国内生产的可替代的防震器的生产厂家询价,购价为 10.00 万元人民币(约折合为 1.60 万美元)。

已知评估基准日中国人民银行公布的外汇美元对人民币汇率为 6.379 4,FOB 价的计算过程如下。

$$进口设备货价(FOB 价)=[1\,530.00\times(1-10\%)-1.60]=1\,375.40(万美元)$$

$$进口设备货价(换算成人民币)=1\,375.40\times 6.379\,4=8\,774.23(万元)$$

(2) 国外运输费率取 5%。

$$国外运输费=8\,774.23\times 5\%=438.71(万元)$$

(3) 国外运输保险费率取 0.4%。

$$运输保险费=(8\,774.23+438.71)\times 0.4\%=36.85(万元)$$

(4) CIF 价 = FOB 价 + 国外运输费 + 国外运输保险费

$$=8\,774.23+438.71+36.85$$

$$=9\,249.79(万元)$$

(5) 关税及增值税。

$$进口关税=9\,249.79\times 12\%=1\,109.97(万元)$$

$$增值税=(9\,249.79+1\,109.97)\times 13\%=1\,346.77(万元)$$

(6) 银行财务费率取 0.5%。

$$银行财务费=8\,774.23\times 0.5\%=43.87(万元)$$

(7) 外贸手续费率取 1.5%。

$$外贸手续费=9\,249.79\times 1.5\%=138.75(万元)$$

(8) 海关监管手续费。海关监管手续费是指海关对进口减免税、保税设备实施监督、管理和提供的服务手续费,对全额征收关税的货物不收海关监管手续费。本案例的进口设备全额征收关税,该费用不予计取。

(9) 国内运杂费率取 2.5%。

$$国内运杂费=9\,249.79\times 2.5\%=231.24(万元)$$

(10) 设备基础费。本案例的设备基础是在原建筑物中专为该进口设备建造的,经查阅该设备基础原始入账价值中已含该设备基础费。资产评估人员根据该设备施工预算资料，并考虑相关因素和物价变动趋势调整后确定该部分价值为 175.48 万元，不应列入构筑物范围，应按设备基础费计算。

（11）安装调试费。根据有关规定，进口设备安装调试费可以套用国内设备安装概算指标，以 CIF 价为基数，按国内同类设备安装费率的 30%～70%选用。本案例选用 50%，安装费率取 6%。

$$安装调试费 = 9\,249.79 \times 6\% \times 50\% = 277.49（万元）$$

（12）合理的前期及其他费用率取 7.6%。

$$\begin{aligned}合理的前期及其他费用 &= (FOB价 + 国外运输费 + 国外运输保险费 + 关税 + 增值税 + \\&\quad 银行财务费 + 外贸手续费 + 国内运杂费 + 设备基础费 + \\&\quad 安装调试费) \times 费率 \\&= (8\,774.23 + 438.71 + 36.85 + 1\,109.97 + 1\,346.77 + 43.87 + \\&\quad 138.75 + 231.24 + 175.48 + 277.49) \times 7.6\% \\&= 955.57（万元）\end{aligned}$$

（13）资金成本。资金成本根据资产评估操作规定计算。其中，贷款利率的取定按合理工期和中国人民银行公布评估基准日、贷款利率进行计取。本案例的贷款利率采用 3.85%。

$$\begin{aligned}资金成本 &= 1/2 \times (FOB价 + 国外运输费 + 国外运输保险费 + 关税 + 增值税 + \\&\quad 银行财务费 + 外贸手续费 + 国内运杂费 + 设备基础费 + 安装调试费 + \\&\quad 合理的前期及其他费用) \times 建设期贷款利率 \times 正常建设工期 \\&= 1/2 \times (8\,774.23 + 438.71 + 36.85 + 1\,109.97 + 1\,346.77 + \\&\quad 43.87 + 138.75 + 231.24 + 175.48 + 277.49 + \\&\quad 955.57) \times 3.85\% \times 1 \\&= 260.43（万元）\end{aligned}$$

综上，重置全价的结果为：

$$\begin{aligned}进口设备的重置全价 &= FOB价 + 国外运输费 + 国外运输保险费 + 关税 + 增值税 + \\&\quad 银行财务费 + 外贸手续费 + 国内运杂费 + 设备基础费 + \\&\quad 安装调试费 + 合理的前期及其他费用 + 资金成本 \\&= 8\,774.23 + 438.71 + 36.85 + 1\,109.97 + 1\,346.77 + \\&\quad 43.87 + 138.75 + 231.24 + 175.48 + 277.49 + \\&\quad 955.57 + 260.43 \\&= 13\,789.36（万元）\end{aligned}$$

3) 综合成新率的确定

(1) 根据使用年限法,该设备于 2018 年 11 月投入运行,截至评估基准日 2021 年 11 月 30 日已使用 3 年,根据冷轧机经济使用寿命及资产评估人员现场判断,尚可使用 15 年。使用年限法成新率＝15÷(3＋15)×100％＝83.33％。

(2) 通过观测分析法,资产评估人员深入现场观察勘核,并与技术人员、管理人员和操作人员交换意见,对该机器设备主要技术指标进行综合分析,认为设备较新,使用时间不长,性能稳定,工作正常,可满足生产工艺要求,产品质量合格。因此,判定成新率为 78％。

(3) 综合成新率＝使用年限法成新率×40％＋观测分析法成新率×60％＝83.33％×40％＋78％×60％＝33.33％＋46.8％＝80.13％。

综上,本次评估的综合成新率为 80％。

4) 评估价值的确定

根据测算的重置全价和综合成新率,可计算得出进口设备的评估价值。

$$\text{进口设备的评估价值} = \text{进口设备的重置全价} \times \text{综合成新率}$$
$$= 13\,789.36 \times 80\%$$
$$= 11\,031.49(\text{万元})$$

三、分析思路

机器设备特征明显。机器设备根据来源可以分为外购机器设备和自制机器设备,本案例主要介绍外购进口机器设备的成本法评估思路,仅供参考。

(一) 成本法的基本前提

(1) 被评估资产处于继续使用状态或被假定处于继续使用状态。

(2) 被评估资产应当具备可利用的历史资料。成本法的应用是建立在历史资料基础上的,信息资料、指标需要通过历史资料获得。同时,现时资产与历史资产具有相同性或可比性。

(3) 形成资产价值的耗费是必需的。

(二) 成本法中的基本要素

1. 资产的重置成本

重置成本一般包括重新购置或建造与评估对象功效相同的全新设备所需的一切合理的直接费用和间接费用,如设备购置成本、运杂费、安装费、基础费、其他间接费用、税金、资金成本等。重置成本分为复原重置成本和更新重置成本。复原重置成本是指采用与评估对象相同的材料、建筑或制造标准、设计、规格及技术等,以现时价格水平重新购建与评估对象相同的全新资产所发生的费用。更新重置成本是指采用新型材料、现代建筑或制造标准、新型设计、规格和技术等，以现行价格水平购建与评估对象具有同等功能的全新资产所需的费用。

机器设备重置成本的构成一般包括以下方面：

(1) 设备现行购置成本。

(2) 设备运杂费。

(3) 设备基础费。

(4) 设备安装费。

(5) 建设单位管理费。

(6) 建设单位临时设施费。

(7) 工程监理费。

(8) 研究试验费。

(9) 勘察设计费。

(10) 工程保险费。

(11) 联合试运转费。

(12) 施工单位迁移费。

(13) 建设期资金成本(机会成本)。

(14) 其他合理费用(包括设备操作人员培训费，但不包括维修费)。进口设备重置成本还包括设备的进口从属费用，如海外运费、海外保险费、进口关税、增值税、公司代理手续费、银行手续费、商检费等。

2. 资产的实体性贬值

资产的实体性贬值即是有形损耗，是指资产由于使用及自然力作用导致的资产的物理性能的损耗或下降引起的资产的价值损失。

3. 资产的功能性贬值

资产的功能性贬值是指由于技术进步引起的出现功能相同而性能更好的替代品而造成的资产价值损失。

4. 资产的经济性贬值

资产的经济性贬值是指由于外部条件的不利变化引起资产闲置、收益下降等而造成的资产价值损失。

(三) 重置成本的估算方法

1. 进口设备的货价

进口设备的货价(即离岸价/FOB 价)可以通过向有关生产厂商询价、报价的基础上，根据进口国别适当考虑双方成交情况计算，或按订货合同价计算。

2. 进口从属费用

(1) 国际运费:是指从装运港(站)到达我国抵达港(站)的运费。其计算公式为:

$$国际运费 = 离岸价 \times 运费率$$

或:

$$国际运费 = 单位运价 \times 运量$$

其中,运费率或单位运价参照有关部门或进出口公司的规定执行。

(2) 运输保险费:是指由保险人(保险公司)与被保险人订立保险契约,在被保险人交付议定的保险费后,保险人根据契约的规定对货物在运输过程中发生的承保责任范围内的损失给予经济上的补偿。其计算公式为:

$$运输保险费 = (离岸价 + 国际运费) \times 保险费率$$

其中,保险费率按照保险公司规定的进口货物保险费率计算。

(3) 进口关税:是指由海关对进出口国境或关境的货物和物品征收的一种税。其计算公式为:

$$进口关税 = (离岸价 + 国际运费 + 运输保险费) \times 进口关税率$$

其中,进口关税率按照我国海关总署发布的进口关税税率计算。

(4) 增值税。我国《增值税暂行条例》规定,进口应税产品均按组成计税价格和增税税率直接计算增值税应纳税额。其计算公式为:

$$增值税应纳税额 = 组成计税价格 \times 增值税税率$$

$$组成计税价格 = 关税完税价格 + 进口关税$$

其中,增值税税率根据规定的税率计算,目前进口设备适用税率为13%。

(5) 外贸手续费:是指国家发展和改革委员会规定的对进口产品征收的费用。其计算公式为:

$$外贸手续费 = (离岸价 + 国际运费 + 运输保险费) \times 外贸手续费率$$

其中,外贸手续费率按国家发展和改革委员会规定的外贸手续费率计算般取1.5%。

(6) 银行财务费:一般指中国银行手续费。其计算公式为:

$$银行财务费 = 离岸价 \times 银行财务费率$$

其中,目前银行财务费率取0.4%~0.5%。

(7) 海关监管手续费:是指海关对进口减免税,保税设备的实施监督、管理和提供的服务手续费,对全额征收关税的货物不收海关监管手续费。其计算公式为:

$$海关监管手续费 = 进口设备到岸价 \times 海关监管手续费率$$

其中,按照目前有关规定,海关监管手续费率一般取0.3%。

3. 国内运杂费

国内运杂费：一般按设备到岸价乘国内运杂费率计算。其计算公式为：

$$国内运杂费＝设备到岸价×设备运杂费率$$

其中，国内运杂费率按有关规定计取，本案例取 2.5%。

4. 安装调试费

安装调试费的选取方法是将进口设备与国内同类型设备相比较，对于进口设备机械化和自动化程度越高的，取价越低；反之，取值越高。

5. 设备基础费

设备基础费一般根据该设备基础施工预算资料，并考虑相关因素和物价变动趋势调整后确定。

6. 合理的前期及其他费用

本案例中，合理的前期及其他费用包括建议单位管理费、可行性研究报告及评估费、设计费、工程监理费、联合试运转费及进口设备的相关费用等，是依据该设备所在地建设工程其他费用标准，并结合该工艺设备特点进行计算的。

7. 资金成本

资金成本是企业为外购进口设备筹集和使用资金所付出的代价。其计算公式为：

$$资金成本＝1/2×[FOB价＋进口从属费用＋国内运杂费＋安装调试费＋设备基础费＋\\合理的前期及其他费用]×建设期贷款利率×正常建设工期$$

(四) 综合成新率

本次进口机器设备评估成新率的确定采用观测分析法和使用年限法综合确定。综合成新率的计算公式为：

$$成新率＝A_1×60\%＋A_2×40\%$$

其中：A_1 为鉴定成新率——观测分析法所占的权重比例为 60%。

A_2 为理论成新率——使用年限法所占的权重比例为 40%。

1. 观测分析法成新率的确定

资产评估人员通过实地勘察，并听取企业管理人员和技术人员的意见，对机器设备的主要技术指标进行综合分析，包括：①设备的现时技术状态。②设备的实际已使用时间。③设备的正常负荷率。④设备的原始制造质量。⑤设备的维修保养状况。⑥设备的大修、技改情况。⑦设备的工作环境和条件。⑧设备的外观和完整性。

在详细了解上述情况后，确定机器设备的成新率标准，并且划出档次，作为确定成新率的标准依据。成新率的标准依据如表 4-1 所示。

表 4-1 成新率的标准依据

类别	新旧情况	技术参数标准参考说明	成新率
1	新设备及使用不久设备	全新状态,刚使用不久,整体良好,能按设计要求正常使用	90%～100%
2	较新设备	使用时间不长,外表较新,性能稳定,在用状态良好,能满足设计要求,未出现过较大故障	65%～89%
3	半新设备	使用时间较长,外表陈旧,在用状态较好,基本上能达到设备设计要求,能满足工艺要求,需经常维修以保证正常使用	40%～64%
4	旧设备	已使用较长时间或几经大修,目前仍能维持使用的设备,在用状态一般,性能明显下降,使用中故障较多,经维护仍能满足工艺要求,可以安全使用	15%～39%

2. 使用年限法成新率的确定

理论成新率 A_2 的计算公式如下:

$$A_2 = 设备尚可使用年限 \div (设备已使用年限 + 设备尚可使用年限) \times 100\%$$

或:

$$A_2 = 尚可使用年限 \div 经济使用年限 \times 100\%$$

其中:

(1) 设备已使用年限:以机器设备开始启用到评估基准日所经历的时间并考虑设备的使用频次、使用强度、维护保养情况及工作环境来计取。

(2) 设备尚可使用年限:截至评估基准日以资产评估人员现场对设备勘察及技术鉴定情况综合分析后来确定其尚可使用年限。

(3) 经济使用年限:按照国家有关规定的经济使用寿命年限计取。

四、理论依据

机器设备评估是指注册资产评估师依据相关法律、法规和资产评估准则,对机器设备的价值进行分析、估算并发表专业意见的行为和过程。企业资产评估中,通常把纳入固定资产管理范围的机器设备作为机器评估对象。

(一) 机器设备评估的程序

机器设备评估主要有以下几个程序:

(1) 明确评估目的。

(2) 清查机器设备,明确评估对象。

(3) 对机器设备进行必要的鉴定,确定其适用性、可用度及主要技术参数。

(4) 研究确定评估方法、收集和处理有关信息资料。由于机器设备收益边界的难确定性,单台机器设备的评估几乎不会采用收益法。收益法一般用于机组设备、生产流水线的评估。

(5) 评定估算,撰写评估报告。

(二) 机器设备评估的特点

机器设备评估主要有以下特点:

(1) 机器设备一般不具备独立的获利能力,评估很难采用收益法。

(2) 整体的价格不仅是单台设备价格的简单相加。

(3) 影响机器设备磨损的因素很多,例如,设备的磨损、失效规律不易确定,个体差异较大。确定贬值往往需要逐台地对设备的实体状态进行调查、鉴定。

(4) 设备的贬值因素比较复杂,除了实体性贬值,往往还存在功能性贬值和经济性贬值。

(三) 机器设备的特点

机器设备是指由金属或其他材料组成,由若干零部件装配起来,在一种或几种动力驱动下,能够完成生产、加工、运行等功能或效用的装置。典型的机器设备主要由原动机部分、传动部分和工作部分三大部分组成。

机器设备的特点一般包括以下方面:

(1) 机器设备作为主要劳动手段,属于会计学中所称的固定资产,具有单位价值高、使用期限长的特点。

(2) 机器设备属于动产类资产(整体属于动产,不排除局部属于不动产)。

(3) 机器设备属于有形资产。

(4) 机器设备更新换代比较快。

资产评估人员在确定机器设备评估范围时,应注意区别下列几个问题:

(1) 机器设备和土地、房屋及构筑物。

(2) 机器设备和无形资产。

(3) 机器设备和流动资产。

(四) 机器设备的类型

机器设备按不同的分类标准分类的内容如下。

1. 按国家固定资产分类标准分类

(1) 通用设备。

(2) 专用设备。

(3) 交通运输设备。

(4) 电气设备。

(5) 电子及通信设备。

(6) 仪器仪表、计量标准器具及工具、衡器。

2. 按现行会计制度规定分类

(1) 生产经营用机器设备。

(2) 非生产经营用机器设备。

(3) 租出机器设备。

(4) 未使用机器设备。

(5) 不需用机器设备。

(6) 融资租赁机器设备。

3. 按机器设备的组合程度分类

(1) 单台设备(独立设备)。

(2) 机组,如柴油发电机组等。

(3) 成套设备(包括生产线),是指由若干不同设备按生产工艺过程依次排序联结,形成一个完整或主要生产过程的机器体系,如合成氨成套设备、胶合板生产线等。

4. 按机器设备的来源分类

(1) 自制(自建)设备。

(2) 外购设备。

五、关键要点

(1) 关键所在:掌握外购进口机器设备评估思路。

(2) 关键知识:机器设备重置价值的确定方法应与其取得方式相关联,故外购进口机器设备与自制机器设备重置价值的测算方法需加以区分。

(3) 能力点:通过案例学习,了解评估步骤,进而掌握外购进口机器设备评估程序的知识点。

六、结语

该案例以 N 公司设备为例,通过运用成本法,对其外购进口设备进行估值,希望读者能通过学习本案例掌握外购机器设备评估的基本方法。

思考题

(1) 采用成本法评估进口机器设备与评估国产机器设备有何区别?

(2) 进口机器设备重置成本包括的内容有哪些?

案例五　房地产抵押贷款评估

一、案例背景

北京中关村科技发展(控股)股份有限公司(以下简称北京中关村科技)因申请办理房地产抵押贷款的需要,特委托中安盛世(北京)土地房地产评估有限责任公司(以下简称中安盛世)对其所拥有的位于北京市海淀区中关村大街 18 号楼(中关村科技贸易中心)部分房地产进行价格评估,以此为确定房地产抵押贷款额度提供参考依据而评估房地产抵押价值。

二、资产评估资料

(一) 相关信息

1. 委托方及评估机构概况

1)委托方概况

公司名称:北京中关村科技发展(控股)股份有限公司

公司住址:北京市海淀区中关村南大街 32 号

法定代表人:许钟民

公司类型:股份有限公司(上市)

2)评估机构概况

机构名称:中安盛世(北京)土地房地产评估有限责任公司

法定代表人:王健

营业场所:北京市朝阳区将台路 6 号丽都饭店 6 层 0-602 室

机构备案证书:京建房估备字〔2010〕第 0182 号

备案等级:一级

联系电话:010-84702788

2. 估价对象范围

估价对象为位于北京中关村科技所拥有的位于北京市海淀区中关村大街 18 号楼(中关村科技贸易中心)部分规划用途为综合、车位的房地产所有权(地上建筑面积为 4 096.83 平方米,地下建筑面积为 13 906.76 平方米),以及对应的土地权益。

3. 估价对象权益状况

1) 房屋建筑物权益状况

根据估价委托人提供的《房屋所有权证》记载,房屋详细信息如表 5-1、表 5-2 所示。

表 5-1 房屋产权情况

房地产权证号	房屋所有权人	坐落	建筑面积（平方米）	规划用途	结构
京房权证海股字第 0004603 号	北京中关村科技发展(控股)股份有限公司	北京市海淀区中关村大街 18 号楼	110 491.50	综合类	钢混
备注	本次评估范围为上述产权中的部分房地产,总建筑面积为 18 003.59 平方米（建筑面积中 4 096.83 平方米为综合用途、13 906.76 平方米为地下车位）(详情如表 5-2 所示)				

表 5-2 房屋具体情况

部位及房号	建筑面积(平方米)	规划用途
03 层(03)		
301	603.75	综合
302	230.07	综合
04 层(04)		
401	168.58	综合
402	676.87	综合
403	312.14	综合
404	119.27	综合
405	202.41	综合
406	142.52	综合
05 层(05)		
501	170.37	综合
502	681.04	综合
503	314.71	综合
504	121.69	综合
505	204.07	综合
506	149.34	综合
地上部分小计	4 096.83	

(续表)

部位及房号	建筑面积(平方米)	规划用途
地下二层	8 552.31	车位(192个)
地下三层	5 354.45	车位(121个)
地下部分小计	13 906.76	
合计	18 003.59	

2) 土地权益状况

根据估价委托人提供的《国有土地使用证》记载，土地使用权详细信息如表 5-3 所示。

表 5-3 土地使用权情况说明

土地证号	土地使用权人	土地面积(平方米)	性质	终止日期
京海国用(2003出)字第 2166 号	北京中关村科技发展(控股)股份有限公司	13 004.39	出让	综合、地下车库 2051 年 06 月 26 日

已上估价对象产权清晰，未发现存在权属纠纷。

4. 估价对象实物状况

1) 土地实物状况

估价对象所在宗地地势平坦，形状较规则，东至科春社区，南至科春社区，西至中关村大街，北至区域支路，土地开发程度宗地红线外"六通"（通上水、通下水、通电、通信、通路、通热），宗地红线内"六通"。土地实物状况满足估价对象使用要求。

2) 房屋建筑物实物状况

估价对象位于北京市海淀区中关村。现估价对象为出租状态，正常使用中，维护状况良好。

室外装修状况：外墙均为墙砖。室内装修状况：地上部分为 3 至 5 层，规划用途为综合，地面装修为地砖，墙面装修为乳胶漆，顶棚装修为乳胶漆。地上部分配备有烟感报警、自动喷淋、中央空调、电梯。地下部分为地下二层、地下三层，规划用途为车位，其中车位部分地面装修为水泥，墙面装修为乳胶漆，顶棚装修为乳胶漆。

5. 估价对象区位状况

1) 地理位置

估价对象位于北京市海淀区中关村大街 18 号楼，中关村大街以东。

2) 交通状况

估价对象所在区域交通较便捷，有中关村大街、北四环西路，附近有 302 路、307 路、320 路等公交线路经过并设站，临近地铁 4 号线中关村站，交通便捷度较高。

3）环境状况

估价对象所在区域内人文及自然环境较好。

4）外部配套设施状况

估价对象所在区域内基础设施开发情况为"六通"。

估价对象所在区域内有丰富的金融机构、超市、医院、学校等,例如,北京银行、中国光大银行、宁波银行;家乐福超市、物美超市、超市发超市;北京市中关村医院、北京市海淀医院;中国科学院第三幼儿园、海淀区中关村第一小学、北京大学、清华大学、中国人民大学等。区域内公共配套设施齐全。

5）产业聚集状况

估价对象位于中关村,区域内商业、银行、写字楼众多,产业聚集度高。

综上所述,估价对象区位状况良好。

（二）估价目的

北京中关村科技是因申请办理房地产抵押贷款,为确定房地产抵押贷款额度提供参考依据而评估房地产抵押价值。

（三）价值类型

本次评估结果为房地产的抵押价值,应采用市场价值标准。

（四）评估基准日

价值时点为2021年5月9日。

根据《房地产抵押估价指导意见》房地产抵押价值时点为完成估价对象实地查勘之日。

（五）评估方法的适用性分析

资产评估人员在认真分析所掌握的资料并对项目用地及邻近类似房地产进行实地勘察、调查后,根据估价对象特点,遵照国家有关法律法规、估价技术标准,经过反复研究,决定选用收益法、市场法作为本次估价所采用的基本方法,评估值为两种评估方法的评估值之和。

选用上述两种评估方法的理由如下:

（1）估价对象相对综合,实际为办公用途,具有出租收益,为有收益性物业,周边同类型房屋租赁市场活跃,房地产的市场租金价格易确定,所以适合采用收益法确定估价对象房地产市场价值。

（2）估价对象地下部分用途为车位,该地区附近同类型车位销售交易很多,同档次车位销售价格公开、透明,所以适合采用市场法确定估价对象房地产市场价值。

(六)评估方法的测算过程

1. 采用收益法和市场法求取估价对象地上综合的市场价值

1) 收益法计算公式

结合本案例,用收益法求取估价对象地上综合的市场价值的计算公式如下:

$$P = a \div r \times [1 - 1 \div (1+r)^n]$$

其中:P——不动产评估价值。

　　　a——未来第一年净收益。

　　　n——收益年期。

　　　r——折现率。

2) 年总收益的计算

(1) 估价对象租金水平的确定。

截至价值时点,估价对象已出租,由于租期较短,本次评估的租金水平根据估价对象区域内的市场客观租金价格确定。对估价对象租金水平的确定采用市场法,根据替代原则,选取了近期租赁市场的三个可比实例。

估价对象和可比实例概况如表5-4所示。

表5-4　估价对象和可比实例概况

比较因素		估价对象	可比实例1	可比实例2	可比实例3
对象名称		中关村科技贸易中心	海龙大厦	中关村E世界	第三极创意天地
租金价格(元/平方米)		待估	6.8	7.0	7.0
市场状况		2021年5月	2021年5月	2021年5月	2021年5月
交易状况		正常	正常	正常	正常
区位状况	办公聚集度	海龙大厦、中关村E世界·财富中心、第三极创意天地、中国电子大厦、维亚大厦、银科大厦、丹棱SOHO大厦等,办公聚集度高	中关村E世界·财富中心、第三极创意天地、中国电子大厦、维亚大厦、银科大厦、丹棱SOHO大厦等,办公聚集度高	海龙大厦、第三极创意天地、中国电子大厦、维亚大厦、银科大厦、丹棱SOHO大厦等,办公聚集度高	海龙大厦、中关村E世界·财富中心、中国电子大厦、维亚大厦、银科大厦、丹棱SOHO大厦等,办公聚集度高
	交通便捷度	周边有302路、307路、320路、332路、355路、365路、466路、584路、614路、681路等公交车通行并设立的中关村南站及地铁4号线中关村站,交通便捷度高	周边有302路、307路、320路、332路、355路、365路、466路、584路、614路、681路等公交车通行并设立的中关村南站及地铁5号线中关村站,交通便捷度高	周边有302路、307路、320路、332路、355路、365路、466路、584路、614路、681路等公交车通行并设立的中关村南站及地铁6号线中关村站,交通便捷度高	周边有302路、307路、320路、332路、355路、365路、466路、584路、614路、681路等公交车通行并设立的中关村南站及地铁7号线中关村站,交通便捷度高

（续表）

比较因素		估价对象	可比实例1	可比实例2	可比实例3
区位状况	公共配套设施状况	周边有北京银行、中国光大银行、宁波银行、家乐福超市、物美超市、超市发超市、北京市中关村医院、北京市海淀医院、中国科学院第三幼儿园、海淀区中关村第一小学、有北京大学、清华大学、中国人民大学等，区域内公共配套设施齐全	周边有北京银行、中国光大银行、宁波银行、家乐福超市、物美超市、超市发超市、北京市中关村医院、北京市海淀医院、中国科学院第三幼儿园、海淀区中关村第一小学、有北京大学、清华大学、中国人民大学等，区域内公共配套设施齐全	周边有北京银行、中国光大银行、宁波银行、家乐福超市、物美超市、超市发超市、北京市中关村医院、北京市海淀医院、中国科学院第三幼儿园、海淀区中关村第一小学、有北京大学、清华大学、中国人民大学等，区域内公共配套设施齐全	周边有北京银行、中国光大银行、宁波银行、家乐福超市、物美超市、超市发超市、北京市中关村医院、北京市海淀医院、中国科学院第三幼儿园、海淀区中关村第一小学、有北京大学、清华大学、中国人民大学等，区域内公共配套设施齐全
	临街状况	临主干道	临主干道	临主干道	临主干道
	所在楼层	低区	中区	中区	低区
	环境质量优劣状况	较好	较好	较好	较好
	基础设施完备程度	六通	六通	六通	六通
实物状况	建筑结构	钢混	钢混	钢混	钢混
	建筑面积（平方米）	312.14	300.00	300.00	300.00
	装修状况	中等装修	精装修	精装修	精装修
	设施设备	齐全	齐全	齐全	齐全
	新旧程度	84%	84%	84%	84%
权益状况	产权性质	商品房	商品房	商品房	商品房
	物业用途	办公	办公	办公	办公
	物业管理	较好	较好	较好	较好
	剩余使用年限（年）	30.13	30.13	30.13	30.13
	出租情况	有	有	有	有

对上述租赁案例的市场状况、交易情况、房地产用途以及区位状况、实物状况进行评估。市场法因素条件指数表如表5-5所示。

表 5-5 市场法因素条件指数表

比较因素		估价对象	可比实例 1	可比实例 2	可比实例 3
对象名称		中关村科技贸易中心	海龙大厦	中关村 E 世界	第三极创意天地
租金价格（元/平方米）		待估	6.80	7.00	7.00
市场状况		100	100	100	100
交易状况		100	100	100	100
区位状况	办公聚集度	100	100	100	100
	交通便捷度	100	100	100	100
	公共配套设施状况	100	100	100	100
	临街状况	100	100	100	100
	所在楼层	100	102	102	102
	环境质量优劣状况	100	100	100	100
	基础设施完备程度	100	100	100	100
实物状况	建筑结构	100	100	100	100
	建筑面积	100	100.03	100.03	100.03
	装修状况	100	101	101	101
	设施设备	100	100	100	100
	新旧程度	100	100	100	100
权益状况	产权性质	100	100	100	100
	物业用途	100	100	100	100
	物业管理	100	100	100	100
	剩余使用年限	100	100	100	100
	出租情况	100	100	100	100

经综合修正后得出估价对象的比准租金单价。市场法因素条件系数表如表 5-6 所示。

表 5-6 市场法因素条件系数表

比较因素	可比实例 1	可比实例 2	可比实例 3
对象名称	海龙大厦	中关村 E 世界	第三极创意天地
租金价格（元/平方米）	6.8	7	7
市场状况	100/100	100/100	100/100
交易状况	100/100	100/100	100/100

（续表）

比较因素		可比实例1	可比实例2	可比实例3
区位状况	办公聚集度	100/100	100/100	100/100
	交通便捷度	100/100	100/100	100/100
	公共配套设施状况	100/100	100/100	100/100
	临街状况	100/100	100/100	100/100
	所在楼层	100/102	100/102	100/100
	环境质量优劣状况	100/100	100/100	100/100
	基础设施完备程度	100/100	100/100	100/100
实物状况	建筑结构	100/100	100/100	100/100
	建筑面积	100/100.03	100/100.03	100/100.03
	装修状况	100/101	100/101	100/101
	设施设备	100/100	100/100	100/100
	新旧程度	100/100	100/100	100/100
权益状况	产权性质	100/100	100/100	100/100
	物业用途	100/100	100/100	100/100
	物业管理	100/100	100/100	100/100
	剩余使用年限	100/100	100/100	100/100
	出租情况	100/100	100/100	100/100
修正系数		0.9704	0.9704	0.9898
比准价格		6.6	6.79	6.93
比准权重		0.3333	0.3333	0.3333
市场法评估单价（元/平方米）		6.77		

根据资产评估人员对估价对象所处区域租金水平的了解，结合估价对象现状，资产评估人员通过市场法的测算确定估价对象的日租金为6.77元/平方米。

（2）估价对象出租空置率的确定。

根据对估价对象所处区域同类房地产空置率的了解，综合考虑估价对象所处区位及结合资产评估人员的实地查勘，空置及租金损失按8%来计算。

（3）其他收入。

本案例中的其他收入主要指押金收入。考虑当地出租市场操作惯例，押金为1个月的租金,需计利息收入,则押金收入按照1个月租金的年利息计算。根据2015年10月24日中国人民银行公布的金融机构人民币存贷款基准利率调整表确定,1年期定期存款利率为1.5%。押金收入的计算如下:

$$押金收入=[6.77×30×4\ 096.83×(1-8\%)×1.5\%]÷10\ 000=1.15(万元)$$

(4) 房地产年总收益。

房地产年总收益包括租金收入以及房地产出租押金收入,其中押金收入考虑到当地出租市场操作惯例,一般为1个月的租金。房地产年总收益的计算如下:

$$房地产年总收益=[租金单价×可出租面积×(1-空置率)]÷10\ 000+其他收入$$
$$=[6.77×365×4\ 096.83×(1-8\%)]÷10\ 000+1.15$$
$$=932.51(万元)$$

3) 年总费用计算

年总费用是指出租房地产时,出租方应负担的各项成本费用以及税金,一般包括房屋维修费、管理费、房产税、增值税及附加税费、保险费等。各项费用取值计算过程如下。

(1) 房屋维修费:是指为保证房屋正常使用每年需支付的修缮费用,按房屋重置价的1%计算。根据产权方提供的资料,同时资产评估人员参考了近期类似房产的竣工结算资料,确定评估对象的重置单价为2 600元/平方米。

$$房屋维修费=重置单价×建筑面积×1\%$$
$$=(2\ 600×4\ 096.83×1\%)÷10\ 000$$
$$=10.65(万元)$$

(2) 管理费:是指对出租房屋进行的必要管理所需的费用,按年房地产总收益的一定比例确定。考虑到估价对象现状为办公用房,管理费率取3%。

$$管理费=房地产年总收益×3\%=932.51×3\%=27.98(万元)$$

(3) 房产税:根据《中华人民共和国房产税暂行条例》(国发〔1986〕90号),房产税的税率依照房产租金收入计算缴纳,税率为12%(原先收入是含税的,所以要先价税分离,一般纳税按5%)。

$$房产税=932.51÷(1+5\%)×12\%=106.57(万元)$$

(4) 增值税及附加税费:根据《中华人民共和国增值税暂行条例》(1993年12月13日中华人民共和国国务院令第134号公布,2008年11月5日国务院第34次常务会议修订通过,2008年11月10日中华人民共和国国务院令第538号公布)、《中华人民共和国增值税暂行条例实施细则》(财政部、国家税务总局令2008年第50号)、《中华人民共和国城市维护建设税暂行条例》(国发〔1985〕19号)、《征收教育费附加的暂行规定》(国发〔1986〕50号)和《北京市地方教育附加征收使用管理暂行办法》,增值税税率、城市维护建设税、教育费附加及地方教育附加综合税率为5.33%。

$$增值税及附加税费=房地产年总收益×5.33\%=932.514×5.33\%=49.7(万元)$$

(5)保险费:是指房产所有人为使自己的房产避免意外损失而向保险公司支付的费用,按房屋重置现值的1%计。已知估价对象的重置单价为2 600元/平方米。

$$保险费=重置单价×建筑面积×1\%=(2\,600×4\,096.83×1\%)÷10\,000=1.07(万元)$$

综上,年总费用合计如下:

$$年总费用=10.65+1.07+106.57+49.7+27.98=195.97(万元)$$

4)年净收益

年净收益的计算如下:

$$年净收益=房地产年总收益-年总费用=932.51-195.97=736.54(万元)$$

5)报酬率

物业的价值为其经营收益于价值时点的收益折现值,报酬率从纯理论上讲,应等于同等风险条件下的平均获利率。结合同类房地产项目的报酬率,本次评估我们采取安全利率加风险调整值的方法确定报酬率。安全利率取中国人民银行公布的1年期定期存款利率1.5%,根据估价对象的特点,确定其报酬率为6.5%。

6)可获收益年限

估价对象建筑物为钢混结构,建成于2005年,其经济耐用年限为60年,截至价值时点其剩余经济耐用年限为44年。估价对象土地使用权终止日期为2051年6月26日,截至价值时点其土地剩余使用年期为30.13年。故本次估价以土地剩余使用年限作为估价对象的收益年限,本次估价的收益年限为30.13年。

7)计算结果

根据收益法计算公式,得出估价对象地上部分估价的计算结果:

$$总价=a÷r×[1-1÷(1+r)^n]$$
$$=736.54÷6.5\%×[1-1÷(1+6.5\%)^{30.13}]$$
$$=9\,631.68(万元)$$
$$单价=9\,631.68÷4\,096.83=2.35(元/平方米)$$

综上所述,运用收益法和市场法求得估价对象地上部分总价为9 631.68万元,单价为2.35元/平方米。

2. 运用市场法求取估价对象地下车位市场价值

估价对象是有交易性的房地产,而且在同一供求范围内存在着较多的类似房地产的交易,所以采用市场法求取估价对象市场价值。

1) 可比实例选择

选择可比实例的原则如下:

(1) 与估价对象属同一供需圈。

(2) 与估价对象用途应相同。

(3) 与估价对象的交易类型相同。

(4) 与估价对象的价值时点应接近。

(5) 交易实例必须为正常交易,或能修正为正常交易。

根据替代原则,选取近期交易的3个项目为可比实例,详情如表5-7所示。

表5-7 可比实例详情

比较因素	可比实例1	可比实例2	可比实例3
对象名称	郦城二区	万年花城四期	国风北京一期
交易价格(万元)	30.0	31.0	31.0
产权性质	车位	车位	车位
建筑面积(平方米)	14.0	14.1	14.2
交易状况	正常	正常	正常

2) 估价对象地下车位成交单价计算结果

考虑到三个比准价格的差异不大,因此以三个比准价格的算术平均值(为计算方便采用去尾法)作为市场法的价格,即30万元。地下车位成交价格如表5-8所示。

表5-8 地下车位成交价格

比准价格(万元/个)	30	31	31
权重	1/3	1/3	1/3
估价对象地下车位成交单价(万元/个)	30		

3) 计算地下车位市场价值总价

地下车位市场价值总价的计算如下:

地下车位市场价值总价=车位成交单价×车位数量=30×313=9 390(万元)

3. 估价对象市场价值的确定

综上,资产评估人员运用收益法和市场法求出的地上综合总价为 9 631.68 万元,运用市场法求出估计对象地下车位总价为 9 390 万元,因此,估价对象抵押价值总价为 19 021.68 万元(9 631.68+9 390)。

(七) 评估结果确定

资产评估人员根据评估目的,遵循独立、客观、公正、谨慎的评估原则,按照科学的评估程序,全面分析了影响估价对象价格的因素,并运用适当的评估方法,确定估价对象于价值时点 2021 年 5 月 9 日的房地产抵押价值,估价对象抵押价值总价为 19 021.68 万元。

三、分析思路

资产评估人员进行房地产抵押贷款评估业务时,应当从以下几个方面多加考量。

(1) 资产评估人员要充分考虑被评估资产相关财务数据、市场环境、企业状况等诸多条件。

三种资产评估基本方法各有特点,因此资产评估人员要根据企业的类型、企业的经营状况、企业的需求,综合考虑,选择合适的资产评估方法。三种评估方法各有优势,同时又各有弊端,资产评估人员在评估前要充分考虑各项客观因素,如企业的资产的以往的资料数据是否齐全,当前市场是否活跃,能否得到合理的市场价格或替代品的价格,资产存在的损耗、经济性贬值等,这些都是与选择评估方法相关的。如果资产评估涉及的诸多因素都能够取得数据,那么三种方法都可以选用;如果某些数据得不到或市场环境不允许,则应该有所侧重地考虑和选择该企业适用于哪种评估方法。

(2) 资产评估人员要充分考虑资产评估目的。

部分经济活动前是要进行资产评估的,如资产转让、企业资产抵押等,这些活动开展前,按照国家法律规定,需要资产评估部门进行资产评估。本着不同的经济活动方向,资产评估人员可以有目的性地选择不同的评估方式。为保障经济活动的顺利开展,更迅速、更恰当地得到企业资产的价值评估,资产评估人员的选择要更贴近评估的目的,这样才能更具效率。

(3) 选择资产评估方法应充分考虑影响评估结果的因素。

影响评估结果的因素主要包括:①评估的目的和运用的价值类型。②评估对象及其预期的使用用途。③评估方法的优、缺点。④所依据数据的质量和数量等。在可以采用不同的评估方法评估某一项资产时,资产评估人员应当组合选用,然后通过综合分析得出评估结论。

四、理论依据

（一）收益法

1. 收益法的基本含义

收益法是指通过估测被评估资产未来预期收益的现值来判断资产价值的各种评估方法的总称。它服从资产评估中将利求本的思路，即采用本金化和折现的方法判断和估算资产价值。

2. 收益法的适用前提

收益法的适用前提主要有以下方面：

（1）被评估资产的未来预期收益可以预测并可以用货币衡量。

（2）资产拥有者获得预期收益所承担的风险也可以预测并可以用货币衡量。

（3）被评估资产预期获利年限可以预测。

3. 收益法的评估流程

收益法的评估流程主要包括以下方面：

（1）收集并验证数据。

（2）分析测算被评估对象未来预期收益。

（3）确定折现率或本金化率。

（4）用折现率或本金化率将评估对象未来预期收益折算成现值。

（5）分析确定评估结果。

4. 收益法的分类

从大的方面来看，收益法中的具体方法可以分为两类。

针对评估对象未来预期收益有无限期的情况划分，收益法可以分为有限期和无限期的评估方法。

针对评估对象预期收益额的情况划分，收益法可以分为等额收益评估方法、非等额收益法等。

5. 收益法的计算公式

（1）选用全剩余寿命模式评估时，有以下计算公式：

$$V = \sum_{i=1}^{n} \frac{a_i}{(1+r)^i}$$

其中：V——不动产评估价值。

a_i——未来第 i 年的净收益。

r——折现率。

n——收益期。

当净收益 a 每年不变,折现率 r 固定且大于 0,收益年期 n 有限时,有以下计算公式:

$$V = \frac{a}{r}\left[1 - \frac{1}{(1+r)^n}\right]$$

(2) 选用持有加转售模式进行评估时,有以下计算公式:

$$V = \sum_{i=1}^{n} \frac{a_i}{(1+r)^i} + \frac{V_i}{(1+r)^t}$$

其中:t——持有期。

V_i——期末转售收益。

当净收益 a 每年不变,折现率 r 固定且大于 0,持有期为 n 时,有以下计算公式:

$$V = \frac{a}{r}\left[1 - \frac{1}{(1+r)^n}\right] + \frac{V_n}{(1+r)^t}$$

(3) 选用直接资本化法进行评估时,有以下计算公式:

$$V = \frac{a_1}{R}$$

其中:a_1——未来第一年的净收益。

R——资本化率。

(二) 市场法

1. 市场法基本含义

市场法是指选取一定数量的可比实例,将它们与估价对象进行比较,根据其间的差异对可比实例成交价格进行处理后得到估价对象价值或价格的方法。

2. 市场法的计算

首先建立比较基础,其次进行市场状况、交易情况、房地产状况(包括区位状况、实物状况和权益状况三方面)的修正,最后求取比准价格。市场法下结合本案例,估价对象市场价格的计算公式如下:

估价对象市场价格=可比实例价格×房地产用途修正×市场状况调整×交易情况修正×
区位状况修正×实物状况修正×权益状况修正

五、关键要点

(1) 关键要点:了解三种资产评估基本方法的适用前提并根据估价对象的特点从

而选择最为恰当的评估方法进行估值。

（2）关键知识：收益法和市场法在房地产评估中的应用。

（3）能力点：通过案例学习，掌握房地产评估方法的运用及了解注意事项。

六、结语

该案例以北京中关村科技房地产抵押价值评估为例，通过运用收益法和市场法，对其进行估值，希望读者借此了解房地产价值评估方法。

思考题

（1）房地产评估的基本评估思路？

（2）资产评估基本方法在房地产评估中适用的前提条件？

（3）简述市场法、收益法和成本法之间的关系，在评估实务中如何进行评估方法选择？

案例六 商标价值评估

一、案例背景

无形资产评估可以使无形资产有市场价值定位并使其价值不断得以发掘和提升,进而在资本扩张中成为旗帜并参与经营。有效运营无形资产还可以优化企业尤其是高新技术企业资产的构成比例,提升企业总体资产的质量。当下,无形资产交易越来越广泛,促成无形资产交易成功的不仅仅是其技术水平和应用后创造的经济效益,公正的交易价格也是极为重要的因素之一。2022年,P公司拟发起成立股份有限公司,对其商标权进行价值评估,通过采取超额收益现值法,最终商标权价值评估值确定为8 120.43万元。

界定无形资产的价值评估,是指按照一定的估价标准,采用适当的评估方法,通过分析各种相关因素的影响,计算确定无形资产在某一评估基准日现时价值的工作。界定无形资产的价值评估也是无形资产评估的目标之一。

二、资产评估资料

(一) P公司的AB商标

P公司是全国生产农用运输车的企业,是国家农用车重点发展的大集团之一,主要产品商标为AB牌注册商标,由文字和图案构成,注册日期为2012年10月1日,注册号为b,核定使用商品为第12类,即农用运输车、客车、轿车和摩托车。目前使用AB商标的主要产品有三轮和四轮农用运输车,其产量居全国同行业前茅,知名度高,在用户中享有较高的声誉,为P公司带来了良好的经济效益。

AB牌主导产品有五种规格型号的三轮农用车和三种型号四轮农用车,产品质量较高,平均故障里程均在2 500千米以上,优于国家标准,居同行业领先地位。该系列三轮车、四轮车均为国家主管部门质量评定一等品,AB牌商标的农用车还获中国质量管理协会"2022年全国用户满意产品"等荣誉称号。

(二) P公司的市场概况

P公司具有生产规模优势,三轮农用车的产量在2022年前曾位居同行业第3位,市场遍及全国,市场占有率近15%,并在非洲若干国家建厂生产、销售。随着农用车市场高速发展期的结束,市场竞争更趋激烈,不少企业生产难以为继,而P公司生产仍具良好的发展态势,在同行业中位居前列。2019—2022年的农用车销售量和销售收入如表6-1、表6-2所示。

表6-1 2019—2022年销售量统计表

产品	2019年 销量(辆)	2019年 增长率	2020年 销量(辆)	2020年 增长率	2021年 销量(辆)	2021年 增长率	2022年 销量(辆)	2022年 增长率
三轮	600 010	—	634 055	5.67%	619 125	−2.35%	661 855	6.90%
四轮	33 895	—	34 380	1.43%	31 950	−7.05%	34 730	8.70%
合计	633 905	—	668 435	5.45%	651 075	−2.60%	696 585	6.99%

表6-2 2019—2022年销售收入统计表

产品	2019年 销售收入(万元)	2019年 增长率	2020年 销售收入(万元)	2020年 增长率	2021年 销售收入(万元)	2021年 增长率	2022年 销售收入(万元)	2022年 增长率
三轮	272 505	—	280 900	7.01%	255 240	−9.13%	290 860	15.01%
四轮	38 115	—	34 830	−8.62%	35 155	0.93%	38 250	8.83%
合计	310 620	—	315 730	1.65%	290 395	−8.72%	329 110	13.33%

(三)P公司商标权评估过程

P公司的商标权价值评估判断采用超额收益现值法的评估思路,即根据商标产品单位售价超过同行业平均售价的部分,按一定的期限和折现率计算现值。

采用超额收益现值法计算无形资产评估值的计算公式如下:

$$无形资产评估值 = \sum_{t=1}^{n} \frac{R_t}{(1+r)^t}$$

其中:R_t——第 t 年无形资产预期增量收益。

r——折现率。

n——收益年限。

1. 收益年限

根据《中华人民共和国商标法》(以下简称《商标法》)的有关规定,商标的保护期限为10年,并且商标到期可以续展,因此从理论上讲,商标的保护期可以是无限期的。但是由于农用车结构相对简单,易于生产,行业整体技术水平不高,竞争激烈,综合考虑P公司在行业中的地位和技术水平,确定商标带来超额收益的年限为5年。

2. 折现率

折现率一般根据1年期银行存款利率1.75%和风险报酬率共同确定。风险报酬率主要考虑企业所处行业的风险因素。农用运输车是由农机改造发展起来的,相对汽车而言其结构简单、技术含量低、易生产,但市场竞争激烈。尽管国家已限制建设新厂,但现有企业的生产规模在扩大特别是原汽车制造业的介入,使农用运输车相关市场竞争更加激烈。目前农用运输车的价格低,适合农民使用,但其性能亦较差;由于国家对农用运输车的定位不甚明确、管理较薄弱,易发生交通事故,产生不良社会影响。同时,由于农民的收入提高、道路条件的改善等,导致用户追求性能更优越的汽车,而使整个产业萎缩、衰落。同时,P公司三轮、四轮农用车两种产品的销售收入占公司总销售收入的95%以上,一旦产品开发滞后或决策失误,P公司将面临险境。鉴于上述因素,综合考虑后确定风险报酬率为6%,可计算得到折现率,计算如下:

$$r=1.75\%+6\%=7.75\%$$

因此,折现率可按8%计算(取整)。

3. 超额收益

截至2022年底,AB牌三轮车产量居同行业的第11位。根据近期AB牌农用车主要销售市场资料,将AB牌农用车与其他厂家生产的相同规格产品进行比较。四轮车售价与其他商标产品基本一致,三轮车的主要销售市场售价比较表如表6-3所示。

表6-3 三轮车的主要销售市场售价比较表

主要销售市场	安徽	河南	江苏	山东	河北	其他
占全部销售量比重	21.8%	29.5%	16.3%	12.6%	10.5%	9.4%
单位售价平均差异(元)	60	40	50	0	50	40

加权平均超额数售价=60×21.8%+40×29.5%+50×16.3%+50×10.5%+40×9.4%
=42(元)

4. 评估结果

依据P公司前四年的实际产销情况、财务状况和企业发展规划,同时考虑到目前同行业的竞争和可能带来的对本行业不利的影响,对P公司未来5年(收益年限)的超额收益进行预测,超额收益预测表如表6-4所示。

表 6-4　超额收益预测表

年份	2023 年	2024 年	2025 年	2026 年	2027 年
销量(辆)	673 540	693 745	714 555	735 990	758 070
销售收入(万元)	321 345.00	330 986.00	340 914.00	351 140.00	361 675.00
单车超额收益(元)	42	42	40	35	30
超额收益(万元)	2 828.87	2 913.73	2 858.22	2 575.97	2 274.21
扣所得税后收益(万元)	2 121.65	2 185.30	2 143.67	1 931.98	1 705.66
折现系数	0.925 9	0.857 3	0.793 8	0.735 0	0.680 6
超额收益现值(万元)	1 964.44	1 873.46	1 701.65	1 420.01	1 160.87
合计(万元)			8 120.43		

综上，经评估计算，P 公司商标权价值评估值为 8 120.43 万元。

三、分析思路

无形资产类别较多，资产评估市场对无形资产评估最多的两项业务分别是专利知识产权评估业务和注册商标评估业务，本案例主要介绍商标无形资产的评估的思路，仅供参考。

注册商标较多采用收益法，但也不排斥采用市场法和成本法。由于注册商标的单一性，同类注册商标价格获取的难度很大，使得市场法应用受到限制。另外注册商标的投入与产出具有弱对应性，因此采用成本法评估注册商标时必须谨慎。

采用收益法评估商标时应恰当地确定相关评估参数。

(一) 预期收益的确定

注册商标的预期收益应当是因注册商标的使用而额外带来的收益，可以通过增量收益、节省许可费、收益分成或者超额收益等方式估算。确定预期收益时，应当区分并剔除与注册商标无关的业务产生的收益，并关注以下因素：①注册商标产品或服务所属行业的市场规模。②注册商标产品或服务的市场地位。③相关企业的经营情况，包括经营的合规性、技术的可能性和经济的可行性。

估算注册商标预期收益常用的方法包括直接估算法、分成率法、节省许可费法、超额收益现值法。

1. 直接估算法

注册商标应用于生产经营过程，能够使得产品的销售收入大幅度提高，提高的原因在于：生产的产品能够以高出同类产品的价格销售。采用直接估算法计算超额收益的公式，可参考案例五的理论依据中收益法计算的相关公式。

2. 分成率法

分成率法是目前国际和国内技术交易中常用的一种确定无形资产超额收益的实用方法。计算注册商标超额收益也可以采用此法。其计算公式为：

$$注册商标超额收益＝与注册商标相关产品（服务）的总收益×分成率×(1－所得税税率)$$

无形资产分成率有销售收入分成率与销售利润分成率两种，两者区别在于分成的对象不同，但双方存在内在联系可以互换。有关计算公式如下：

$$超额收益额＝销售收入×销售收入分成率×(1－所得税税率)$$

或：

$$超额收益额＝销售利润×销售利润分成率×(1－所得税税率)$$

销售收入分成率与销售利润分成率的关系：

$$销售收入分成率＝销售利润分成率×销售利润率$$

或：

$$销售收入分成率＝销售收入分成率÷销售利润率$$

分成率一般可采用市场法、对比公司法和经验判断法确定。

（1）运用市场法一般是根据以往的市场成交案例确定分成率或提成率。从理论上来说是最好方法，但关键在于交易案例数据的取得。

（2）对比公司法是利用对比公司数据确定分成率或提成率的方法。该方法建立在委估注册商标在拟受让方发挥的作用，应该与处于同行业的对比公司中的同类注册商标所发挥的作用存在相同或相似的地方。

（3）经验判断法是指在注册商标转让实务中，一般根据评估实践经验确定一定的分成率的方法。

3. 节省许可费法

节省许可费法是指假设商标是通过特许使用而获得并非自主拥有的方法。此时商标权资产价值为预期的未来特许使用费的现值。在确定许可使用费率时，应尽可能选择与被评估商标具有同样特征和规模的其他商标的许可使用费率，深入分析可比商标许可协议中的可用数据。

4. 超额收益现值法

超额收益现值法是指先估算所有资产共同创造的整体收益，然后在整体收益中扣除商标权资产以外的其他贡献资产的贡献，将剩余收益即超额收益作为商标权资产的贡献现金流的方法。资产评估师运用超额收益现值法评估时，无论选择何种收益方式分析预期收益都应当根据商标权资产的市场地位及行业的市场总量合理预测，未来收益预测不但要符合济规律,企业也应具备与预测相匹配的经营条件,且在未来实际经营活动中可行。

(二)剩余经济年限的确定

资产评估师运用收益法评估注册商标时,应当根据注册商标商品或服务所属行业的发展趋势,合理确定收益期限。收益期限需要综合考虑法律保护期限、相关合同约定期限、注册商标商品的产品寿命、注册商标商品或服务的市场份额及发展潜力、注册商标未来维护费用、所属行业及企业的发展状况、注册商标注册人的经营年限等因素确定。商标权具有时间性、地域性,在有效期内,商标权受法律保护。我国《商标法》规定,注册商标的保护期限为核准注册日起的10年,注册商标有效期满,需要继续使用的,可以在期限届满前12个月内申请续展注册,并可无限续展。按照上述规定,一般认为有较高知名度的商标权所有权的寿命期是无限年期的。

(三)许可费率的确定

确定许可费率时,如果有相同或相类似的许可合同约定的,宜直接采用或参考许可合同所确定的许可费率进行测算,但许可合同必须是非关联企业间签订且未显失公允的,或者是关联企业间签订但可以证明是按市公允定价原则定价的。无许可合同约定的,可采用市场调查法等方式确定。

(四)折现率的确定

资产评估师运用收益法进行注册商标评估时,应当综合考虑评估基准日的利率、资本成本,以及注册商标商品生产、销售实施过程中的技术、经营、市场等方面的风险因素,合理确定折现率。注册商标折现率口径应当与预期收益的口径保持一致。折现率一般采用累加法,其中风险报酬率的确定应综合考虑同行业可比企业经营的一般风险水平。确定注册商标的折现率时一般应遵循以下几条原则:

(1)不低于行业平均净资产收益率。
(2)折现率与收益额相匹配。
(3)综合考虑投资者的期望回报率及交易双方的利益分配。

四、理论依据

(一)无形资产的概念

无形资产是一个在会计学、经济学、资产评估等学科和专业里均被广泛使用的概念。不同专业领域对无形资产有不同的说明和范围界定。我国《资产评估执业准则——无形资产》(中评协〔2017〕37号附件)将无形资产定义为"特定主体拥有或者控制的,不具有实物形态,能持续发挥作用并且能带来经济利益的资源",包括专利权、商标权、著作权、专有技术、销售网络、客户关系、特许经营权、合同权益、域名等可辨认无形资产和商誉这一不可辨认无形资产。《国际评估准则》将无形资产定义为"一种能通过经济属性来证明其自身价值的非货币性资产。它不具有实物形态,但能为所有者产生经济利益",包括营销相关类、客户或供应商相关类、技术相关类、艺术相关类等可辨认无形资产和商誉这一不可辨认无形资产。两者均强调了无形资产不具实物形态和能给其拥有者带来经济利益这两个显著特征。

(二)影响无形资产评估价值的主要因素

1. 无形资产的收益能力

无形资产的价值是由未来收益期限内无形资产可实现的收益额折现而成的,包括有效寿命期间无形资产使用权的转让值、无形资产年收益评估值等。一项无形资产,在环境、制度允许的条件下,获利能力越强,其评估值越高;获利能力越弱,评估值越低。有的无形资产,尽管其创造成本高,但不为市场所需要或者收益能力低微,其评估值就很低。

2. 无形资产的使用期限

从价值本身而言,无形资产价值与该无形资产产生收益的年份密切相关,无形资产使用期限的长短,直接影响无形资产的评估值。因此,无形资产的使用期限是影响无形资产评估值的一个重要因素。每一项无形资产使用期限的长短,一方面取决于该无形资产的先进程度;另一方面取决于其无形损耗的大小。无形资产越先进,其领先水平越高,使用期限越长;其无形损耗程度越低,具有实际超额收益的期限(或收益期限)就越长。确定使用期限的原则和依据是:受法律保护而不受有效时间影响的无形资产,以法律保护年限为无形资产的使用期限;既受法律保护,也受经济年限限制的无形资产,以"孰短"的原则确定其使用年限;不受法律保护的无形资产,由技术测定的有效经济收益年限为其使用年限;有转让合同的无形资产,以合同规定期限为其使用年限。

3. 无形资产的科学价值和发展前景

一般科技成果都有一个"发展→成熟→衰退"的过程。成果技术水平越高,垄断性越强,使用期限越长,成果所获得的超额收益能力越强,其评估值越高;同时,科技成果的成熟程度直接影响评估值高低,其开发程度越高,技术越成熟,运用该技术成果的风险性越小,评估值就会越高。另外,无形资产的损耗和贬值也会影响其评估价值。无形资产的更新换代越快,无形损耗越大,其评估值就越低。无形资产价值的损耗和贬值,不取决于自身的使用损耗,而取决于本身以外其他类似产品的更新换代情况。

4. 无形资产的成本

无形资产与有形资产一样,也具有成本。只是相对有形资产而言,无形资产的成本确定不是十分明晰和易于计量。对企业无形资产来说,外购无形资产较易确定成本,自创成本计量相对更难确认。因为无形资产产生的一次性特点,使其在创造过程中所耗费的劳动不具有横向比较性。同时,无形资产的初始成本,与其投入、失败等密切相关,但这部分成本是很难确定的。一般来说,这些成本项目包括创造发明成本、法律保护成本、发行推广成本等。

5. 成果使用方式

从转让内容看,无形资产转让包括所有权转让和使用权转让,无形资产转让权力的大小直接关系到买卖双方的经济利益,通常是买方获得的权力越大,无形资产的评估值越高。就所有权转让和使用权转让来说,所有权转让的无形资产评估值高于使用权转让的评估值,如专利权的转让价格就比专利许可证的转让价格高得多,因为一项专利可以向多个厂家受让许可证,每个厂家只获得使用权。没有所有权,垄断性有限,转让价格就低,而且随着转让次数的增加使用权转让的评估值呈降低的趋势。另外,在技术贸易中,同是使用权转让,其许可程度不同,也影响评估值的高低。

6. 市场供需状况

无形资产的市场供需状况,一般反映在两个方面:一是无形资产市场需求情况;二是无形资产的适用程度,对于可出售、转让的无形资产,其评估值随市场需求的变动而变动,市场需求越大,则评估值就越高;市场需求越小,有同类无形资产替代时,则其评估值就越低。同样地,无形资产的适用范围越广,适用程度越高,需求者越多,需求量越大,评估值就越高。

7. 费用支付方式

技术转让费用支付常常贯穿转让的全过程,各种不同的支付方式对评估价值的确定有直接影响。无形资产转让时,如果价格的转让方式是一次性支付,则实施过程中的风险和投资后的经济风险,一般是由买方承担的,此时的评估值就应该定得低一些;如果价格的支付方式是采用多次支付,由于支付期限较长,评估值就应该高一些;采用技术入门费加上收益提成的支付方式,其评估值居中;完全依据收益进行提成的,其评估值最高。

(三) 采用收益法评估无形资产

采用收益法时,要注意合理分析获利能力及预期收益,分析与之有关的预期变动、收益期限,以及与收益有关的资金规模、配套资产、现金流量、风险因素和货币时间价值。资产评估人员应注意被评估无形资产收益额的计算口径与折现率口径保持一致,不要将其他资产带来的收益误算到被评估无形资产收益中;要充分考虑法律法规、宏观经济环境、技术进步、行业发展变化、企业经营管理、产品更新和替代等因素对无形资产收益期、收益额和折现率的影响,当与实际情况明显不符时,要分析产生差异的原因。

采用收益法评估无形资产一般是通过测算该项无形资产所产生的未来预期收益并折算成现值,借以确定被评估无形资产的价值。收益法评估无形资产的具体应用形式包括节省许可费法、增量收益法和超额收益法。

1. 节省许可费法相关概念

节省许可费法(relief from royalty method)的基础是虚拟许可使用费,以此作为收益测算无形资产价值,因此采用节省许可费法评估无形资产的价值实际上是通过参考虚拟的许可使用费价值而确定的。具体思路是,测算由于拥有该项资产而节省的向第三方定期支付许可使用费的金额,并对该无形资产经济寿命期内每年节省的许可费支出通过适当的折现率折现到评估基准日时点,以此作为该项无形资产的价值。在某些情况下,许可使用费可能包括一笔期初入门费和建立在每年经营业绩基础上的分成费。

节省许可费法的计算公式形式与收益法基本公式形式相似,在后者基础上进行调整,具体如下:

$$无形资产评估值 = Y + \sum_{t=1}^{n} \frac{KR_t}{(1+r)^t}$$

其中:Y——入门费/最低收费额。

K——无形资产分成率,即许可费率。

R_t——第 t 年分成基数。

n——许可期限。

r——折现率。

2. 增量收益法相关概念

增量收益法(premium profits method)实际上是基于对未来增量收益的预期而确定无形资产价值的一种评估方法。该增量收益来自对被评估无形资产所在的企业和另一个不具有该项无形资产的企业的财务业绩进行对比,即预测由于使用该项无形资产而使企业得到的利润或现金流量,与一个没有使用该项无形资产的企业所得到的利润或现金流量进行对比,将两者的差异作为被评估无形资产所创造的增量收益。随后,再采用适当的折现率,将预测的每期的增量利润或现金流量转换成现值,或者运用一个资本化倍数,将恒定的增量利润或现金流量进行资本化,以得到无形资产的价值。增量收益法也被称为"溢价利润法"。

增量收益法的计算公式与收益法基本公式大致相同,具体如下:

$$无形资产评估值 = \sum_{t=1}^{n} \frac{R_t}{(1+r)^t}$$

其中:R_t——第 t 年无形资产预期增量收益。

r——折现率或资本化率。

n——收益年限。

3. 超额收益法的评估思路

超额收益法(excess earning method)是用归属于目标无形资产所创造的收益的折现值来确定该项无形资产价值的评估方法。具体是先测算无形资产与其他相关贡献资产共同创造的整体收益,在整体收益中扣除其他相关贡献资产的相应贡献,将剩余收益确定为超额收益,并作为目标无形资产所创造的收益,再将上述收益采用适当的折现率转换成现值,或者运用一个资本化倍数,将恒定的超额收益进行资本化,以获得无形资产价值。这里其他相关贡献资产一般包括流动资产、固定资产、其他无形资产和组合劳动力成本等。超额收益法可以细分为超额收益资本化法和超额收益现值法,本案例采用的就是超额收益现值法。

超额收益法的计算公式与收益法基本公式也是大致相同,具体如下:

$$无形资产评估值 = \sum_{t=1}^{n} \frac{R_t}{(1+r)^t}$$

其中:R_t——第 t 年无形资产预期超额收益。

　　　r——折现率或资本化率。

　　　n——收益年限。

五、关键要点

(1) 关键所在:收益法对于商标权价值评估的适用性,可以通过商标权的相关参数预测商标权本身价值和其他价值。

(2) 关键知识:采用收益法评估商标权价值,需要对所使用三个参数进行计算。

(3) 能力点:通过案例学习,了解商标权价值评估的步骤及收益法运用等相关知识点。

六、结语

该案例以 P 公司为研究对象,通过运用超额收益现值法,对其商标权价值进行评估,介绍了该类无形资产的具体评估过程,希望读者能借此了解无形资产评估过程。

思考题

(1) 采用收益法评估如何计算无形资产的预期收益率?

(2) 无形资产评估常用的方法有哪些?

案例七　品牌价值评估

一、案例背景

贵州茅台酒股份有限公司（以下简称贵州茅台）是中国酒品行业的龙头企业，占据了白酒市场的制高点，同时还进行食品、饮料包装材料的生产和销售，覆盖了饮食行业的方方面面。以此贵州茅台作为典型案例，能够为品牌价值评估提供价值参考。

贵州茅台的注册资本为人民币12.56亿元，公司类型是股份有限公司（上市），经营范围为茅台酒及系列酒的生产与销售；饮料、食品、包装材料的生产、销售；防伪技术开发，信息产业相关产品的研制、开发；酒店经营管理、住宿、餐饮、娱乐、洗浴及停车场管理服务；车辆运输（不含危险化学品）、维修保养。

贵州茅台是国家重点扶持的520家大型企业之一，拥有国家级薄酒技术中心，其生产的"贵州茅台酒"远销海外。作为世界三大蒸馏水名酒之一的贵州茅台酒是酱香型白酒的典型代表。贵州茅台酒是该企业的主打产品，不仅有国家发展和改革委员会批准的国家级白酒技术中心作其技术支持，而且得到了国家政策的重点保护。贵州茅台酒在1915年的巴拿马万国博览会上获得了金质奖章，并在1949年之后被中国人誉为"国酒"，至今都在无数国宴中扮演必不可缺的角色。贵州茅台酒的年产量近4万吨，产品系列众多，包括茅台迎宾酒，茅台王子酒，53度、43度、38度、33度贵州茅台酒，80年、50年、30年、15年陈年贵州茅台酒等。贵州茅台酒的产品销量额已达到国内白酒市场总额的37.14%，主要销售地集中在河南、贵州、山东、辽宁、江苏，另外一部分陈年茅台酒和38度以上的高度茅台酒已经出口到海外100多个地区和国家，年创汇金额已达到1 000万美元。

贵州茅台的产品适应了不同的消费群体的需求。茅台迎宾酒和茅台王子酒价位较低，能满足中低档消费者的需求。我国白酒产品在陈年老窖、极品白酒等领域的空缺被贵州茅台的30年、50年、80年的陈年酒系列填补，无论在55度的高度酒还是43度以下的低度酒领域，贵州茅台都能全方位覆盖。同时贵州茅台与时俱进，增加研发投入，专注于防伪技术开发和信息产业相关产品的研发，在白酒领域创新了70多个品种，涵盖了高中低档、极品多个系列。

贵州茅台是白酒行业的标志性企业，也是"酱香型白酒"的典型代表。作为传统的白酒制造企业，贵州茅台的主营业务非常简单，主要就是生产和销售茅台系列酒。根据2017年的年报数据，茅台系列酒的销售收入占主营业务收入的96%以上。企业的产品种类丰富，价格带的跨度也很大，定价在300～30 000元的产品都有稳定的市场和销售群体。目前茅台系列酒年产超过4万吨，产品主要分为四类：陈年茅台酒、普通茅台酒、其他酱香酒和低度茅台酒。其中，陈年茅台酒包括汉帝，80年、50年、30年、15年等不同年份系列，开创了我国酒类陈年酒、极品酒系列先河；普通茅台酒包括飞天、五星、礼盒、纪念酒等；其他酱香酒则指旗下的茅台王子酒、茅台迎宾酒等，满足了中低档消费者的需求；低度茅台酒是指主打健康低度的系列产品如43度、38度、33度茅台酒等，在符合时代需求的基础上创新了茅台酒的度数区间。超过200多个类别品质的茅台酒家族，以其种类的丰富性、价格带的广阔性，全方位地占据了市场的制高点，目前贵州茅台的高端酒品类更是成了中国白酒高端酒市场的天花板，其市场地位几乎无人能撼动。

二、资产评估资料

（一）相关财务数据

贵州茅台2018—2022年资产负债表、利润表有关财务数据分别如表7-1、表7-2所示。

表7-1 贵州茅台资产负债表有关财务数据

单位：亿元

项目	2018年	2019年	2020年	2021年	2022年
流动资产合计	1 378.62	1 590.24	1 856.52	2 207.66	2 166.11
非流动资产合计	219.85	240.18	277.44	344.03	377.53
资产总计	1 598.47	1 830.42	2 133.96	2 551.68	2 543.65
流动负债	424.38	410.93	456.74	579.14	490.66
非流动负债	—	0.73	0.01	2.96	3.34
负债合计	424.38	411.66	456.75	582.11	494.00
所有者权益合计	1 174.08	1 418.76	1 677.21	1 969.58	2 049.65
负债和所有者权益合计	1 598.47	1 830.42	2 133.96	2 551.68	2 543.65

表 7-2 贵州茅台利润表有关财务数据

单位:亿元

项目	2018 年	2019 年	2020 年	2021 年	2022 年
营业收入	736.39	854.30	949.15	1 061.90	1 241.00
减:营业成本	65.23	74.30	81.54	89.83	100.93
税金及附加	112.89	127.33	138.87	153.04	184.96
销售费用	25.72	32.79	25.48	27.37	32.98
管理费用	53.26	61.68	67.90	84.50	90.12
财务费用	−0.04	0.07	−2.35	−9.35	−13.92
研发费用	0.02	0.49	0.50	0.62	1.35
资产减值损失	−0.01	—	—	—	—
投资收益	—	—	0.003	0.58	0.64
营业利润	513.43	590.41	666.35	747.51	878.80
营业外收入	0.12	0.09	0.11	0.69	0.71
减:营业外支出	5.27	2.68	4.49	2.92	2.49
非流动资产处置损失	—	—	—	—	—
利润总额	508.28	587.83	661.97	745.28	877.01
减:所得税	129.98	148.13	166.74	188.08	223.26
净利润	378.30	439.70	495.23	557.21	653.75

(二) 评估思路

本案例主要采用收益法进行评估。

1. 数据预测

数据预测主要是对营业收入增长率、营业成本、税金及附加、三大财务费用等指标的预测。

2. 评估净现金流量

根据资产负债表、利润表数据的基础,计算出各年现金流量,并预测出评估所需的净现金流量。

(三) 资料来源

1. 数据来源

贵州茅台集团:https://www.china-moutai.com/,国家统计局:http://www.stats.gov.cn/。

2. 理论来源

《资产评估执业准则——无形资产》(中评协〔2017〕37号附件)。

三、分析思路

(1) 数据预测:计算并分析营业收入增长率、营业成本、税金及附加、三大财务费用等指标。

(2) 根据资产负债表、利润表数据的基础,计算出各年现金流量,并预测出评估所需的净现金流量。

四、理论依据

品牌价值评估的主要方法,需要从以下两方面进行考虑。

(一) 基于财务要素的品牌价值评估方法

(1) 成本法。对于一个企业品牌而言,其品牌价值的原始成本有着不可替代的重要地位。因此,对一个企业品牌的价值评估应该考虑品牌价值购置或开发的全部原始价值,以及考虑品牌再开发的成本与各项损耗价值之差两个方面。成本法主要分为两种:一种是历史成本法,另一种是重置成本法。历史成本法是完全基于财务数据的一种方法。该方法的优点是计算过程简单、明了。但其缺点是:由于企业对品牌的投入与产出的弱相关性,加上企业对品牌投资通常与整个投资活动联系在一起,很难将品牌产品的投资单独剥离出来;另外,品牌成长是一个长期的过程,企业往往没有保存关于品牌投资的完整的财务数据,所以,使用该方法对品牌价值进行评估,得出的数据往往会低估品牌的现实价值,造成企业的资产被低估,不利于企业的长远发展。重置成本法是通过确定被评估品牌资产的重置成本减去各项贬值来评定品牌资产价值的一种评估方法。重置成本法用公式可表示为:品牌资产的评估价值=品牌资产的重置成本-实体性贬值-功能性贬值-经济性贬值。重置成本法由于原理简单,成本资料容易取得和掌握,在品牌资产价值的评估中经常会使用。然而,采用重置成本法进行品牌评估具有很大的局限性,其一是实体性贬值、功能性贬值和经济性贬值难以计算,其二是没有考虑市场需求和经济效益的变化对品牌资产价值评估的影响。

(2) 市场价格法。市场价格法的基本思路是:在市场上找出一个或几个与被评估品牌资产相类似的资产的近期交易价格,作为参照物与被评估品牌资产进行比较对照,在此基础上再按照一定要求对这些参照物进行修正,最后根据修正后的价值来确定被评估品牌资产的价格。市场价格法的理论依据是资产评估的"替代原则"。市场价格法是以替代原理为理论基础,以市场上实际的资产交易价格为评估基准,因此,只要有类似资产的交易实例,即可应用。

(3) 股票市值法。股票市值法是由美国芝加哥大学的西蒙(Simon)和苏里旺(Sullivan)提出的。该方法的基本思路是:以上市公司的股票市值为基础,将有形资产从总资产中剥离出去,然后再将品牌资产从无形资产中分离出来。股票市值法的理论有很强的内在逻辑性,但是该方法难以准确确定公司市值与影响无形资产各个因素间的模型,该过程不但需要大量的统计资料,而且要求极为复杂的数学处理,这在很大程度上制约了它的实用性;另外,该方法计算的出发点是股价,这要求股市比较健全,股票价格能较好地反映股市的实际经营业绩,但这些在我国现阶段还未完全变现。

(4) 收益法。该方法的经济理论基础是:预期原则和效用原则。采用收益法对品牌价值进行评估是指为了获得该品牌以取得预期收益的权利而支付的货币总额。采用收益法时,被评估品牌必须具备以下条件:①被评估资产必须具有独立的、连续的预期获利能力。②其预期收益可以合理的预测,并可以用货币计量。③与品牌相关的预期风险和风险报酬也可以合理的估计。收益法评估的着眼点是品牌预期的未来收益可以反映品牌的价值,即品牌长期的、超额的获利能力代表了品牌的价值,这符合品牌资本化的本质特征。收益法被认为是国际上比较合理、科学、客观的一种评估方法。

(二) 基于消费者要素的品牌价值评估方法

这类评估方法主要依据消费者对品牌各方面属性的认知和感受进行评价,评估结果可以反映出消费者对品牌真实的感受,反映了品牌资产理论越来越重视品牌与消费者关系的发展趋势。这类评估方法中具有代表性的是:品牌价值十要素(brand equity ten)模型、品牌资产评估者(brand asset valuator)模型。

(1) 品牌价值十要素模型。该方法将品牌价值看作是品牌力量,即衡量有关消费者对该品牌产品需求的状况。该方法将衡量品牌价值的要素分成了5个维度:品牌忠诚度、品牌知名度、消费者感知质量、品牌联想和其他品牌资产。

(2) 品牌资产评估者模型。品牌资产评估者模型由扬·罗比凯广告公司提出。根据品牌资产评估者模型,每一个成功品牌的建立,都经历了一个明确的消费者感知过程。在调查中,消费者用以下四方面的指标对每一个品牌的表现进行评估:第一,差异性(differentiation),品牌在市场上的独特性及差异性程度;第二,相关性(relevance),即品牌与消费者相关联的程度,品牌个性与消费者的适合程度;第三,品牌地位(esteem),即品牌在消费者心中受尊敬的程度、档次、认知质量以及受欢迎程度;第四,品牌认知度(knowledge),即衡量消费者对品牌内涵及价值认识和理解的深度。

五、关键要点

(1) 关键所在:通过本案例学习,掌握品牌价值的特征及主要影响因素。

(2) 关键知识:品牌价值评估目前主要从财务要素或消费者要素视角来思考具体

评估方法,其中较为常用的是收益法,本案例主要学习收益法的应用。

(3) 能力点:预测资产负债表、利润表数据,计算出各年现金流量,并预测出评估所需的净现金流量。能够准确评估品牌资产价值。

六、结语

该案例以贵州茅台财务数据为依据,通过运用收益法,对其品牌价值进行评估,读者可以了解净现金流量测算过程,掌握相关方法及理论知识。

？思考题

(1) 如何利用无形资产品牌价值分析促进品牌资产管理？

(2) 在进行品牌类无形资产价值评估时应如何分析相关影响因素以及适合的风险报酬率？

(3) 无形资产评估中收益法的本质含义是什么？如何理解收益法中测算企业价值与无形资产价值的差异？

案例八　无形资产侵权价值评估

一、案例背景

随着互联网的发展,网络小说作家逐渐变多,网络小说受众群体基数也同步上涨。网络小说题材新颖、类型丰富的特征也使得网络小说成为电影行业剧本的"新宠儿",自2000年以来,我国以小说改编成为电影的作品愈来愈多,而在2019年年底各种新颖的小说题材的注入成为网络小说在电影行业盛行的一个转折点。网络小说改编电影的可行性因素包括:①网络小说本身带有一定的粉丝基数。②网络小说改编电影的门槛相对较低。③网络小说IP有一系列衍生产品,开发价值高。

根据《中华人民共和国著作权法》(以下简称《著作权法》)第10条规定,著作权(版权)包括人身权和财产权,其中人身权包括修改权和保护作品完整权,即允许在网络小说IP改编影视剧中对原著作品进行适当性改动。因此,如何在不改变原著作者意愿的前提下进行适当性改动就成为重要的问题。此外,在知识产权保护力度不断加强的大环境下,如何在司法诉讼中对侵权损害赔偿确定合理赔偿金额成为当前推进知识产权保护制度的一个难点。例如:2015年9月23日,在全国影院上线的电影《九层妖塔》改编自张牧野的小说《鬼吹灯》,影片中大部分剧情的改动不仅让大部分观众接受不了,连原著作者也以侵犯署名权和保护作品完整权的名义将《九层妖塔》摄制团队告上法庭,最终张牧野只得到精神损害抚慰金5万元人民币。基于上述背景,本案例提出了三点思考。

(一) 著作权侵权赔偿制度

根据民事诉讼较多采用的"谁主张,谁举证"原则,权利人需要对诉求的实际主张损害赔偿提供相关证据,这不仅需要对侵权客观事实进行证明,还需要根据客观事实给予主张损害赔偿的具体金额合理解释。此外,《著作权法》第54条规定,法院可以根据具体侵权情节给予人民币500元以上500万元以下的赔偿,由于这种赔偿规则带有较明显的主观成分,通常会导致损失赔偿偏低或偏高。

(二) 著作权价值评估结果是否能作为司法依据

在司法诉讼中,法律制度不可能面面俱到,而且许多行业尚处于发展阶段,可能还不具有相关的法律条款。因此,资产评估行业融入司法中,无论是作为官方依据还是作为上诉（反驳）证据来说，都是一种较为公正的途径。尽管国内资产评估行业尚处于发展阶段，但是纵观国际层面，在许多发达国家，如：法国、美国等，都将资产评估报告作为一种依据融入司法案件中。资产评估结果作为一种辅助决策人进行决策的工具，通常带有一定的公正性和客观性，这种辅助性决策工具不仅在司法过程中可以作为一种证据，而且在著作权转让合同签订时还可以作为一种规避风险的工具，当被转让方侵犯著作权人权益时，可以直接按照违约条款进行赔偿。

（三）机器算法预测电影票房

由于著作权属于无形资产，故一般采取收益法进行评估，收益额、收益期限、折现率是收益法的三个核心参数。而由于国内真人电影行业衍生产品市场不成熟，一般实际测算时以电影票房作为收益额进行评估。传统的资产评估方法对电影票房的预测存在较大缺陷，借助机器学习算法将误差率降下来，帮助其实现更合理的预测成为一种可能。

二、资产评估资料

（一）基于随机森林回归建立电影票房预测模型

使用成本法反映不了版权的未来资产价值，并且在市场上很难找到相对应的参照物，因此，一般选择收益法进行评估。运用收益法需要计算收益额、收益期限和折现率，其中收益额在此处被认为是电影票房收入，已知电影票房收入（收益额）采取传统资产评估方法进行预测难度较大、准确度偏差也较大。

任何回归都是从特征矩阵中学习以此求解连续型标签的过程，之所以能够实现这个过程，是因为回归算法认为，特征矩阵与标签之间存在某种联系，并可以通过学习进而模拟某种联系。随机森林回归模型属于集成模型，通过集成模型进行预测可以降低方差，而方差越低就说明模型越稳定。随机森林回归模型比较灵活，可以通过调整特征数据和参数来降低误差，并且无需对特征数据进行归一化和标准化，这给特征数据处理的过程带来了一定的便利，而且所得出结果也较为合理和准确。基于此，本案例选择随机森林回归模型作为基础搭建电影票房收益额预测的模型。

随机森林回归模型是由多个决策树组成，决策树是根据一定的条件进行选择从而达到一定目标的过程。构成决策树的是结点和边，其中结点需要根据样本特征因素进行判断，算法的原理是从训练样本集 S 中随机的抽取 m 个样本点，得到一个新的 $S_1,\cdots,S_n$ 的子训练集；然后在所有特征中随机选取 k 个特征，并选择最优的切分点进行划分，训练出决策树；通过多次随机选取，训练出多个没有关联的决策树模型，并由每个决策树的结果汇总后取均值作为随机森林输出结果。基于此，数据预测时应当选择正确的特征并收集相应的数据，这些数据应体现标签（电影票房）与特征的重要程度，这是作为预测标签的关键。

1. 设计特征因素(因变量)

在构建电影票房预测模型中,特征因素是指影响电影票房的因素,选择特征因素后,可以从众艺恩网或豆瓣网获得特征因素的数据。在随机森林回归模型中,特征因素的选择、数据集的数据和算法参数的调整是影响算法准确度的关键因素,分析时,首先要选择自变量和收集相关数据。根据网络小说改编电影的特性入手,可以从电影产品、原著作者、消费者等方面选择相关的特征因素。

1) 导演影响力

导演是电影摄制的组织者和领导者,是将影视文学剧本搬上荧幕的总负责人,需要组织和领导摄制团队、制作团队、演员团队,促使他们融为一体,完成整个影视剧摄制过程。导演的个人风格、思想和价值观等将会影响整个电影拍摄的风格和影视文学剧本还原真实度;导演的个人素养和能力更是直接影响一部影视成片作品的质量;并且导演的名气也会直接影响电影的曝光度,进而影响一部电影的票房收入。

2) 演员影响力

演员是运用戏剧表演艺术把剧本的文学人物形象创造成为舞台人物形象的表演者。演员自身的素养和表现能力反映为电影人物的契合度,而演员阵容的名气和"粉丝效应"也会给电影的宣传和票房带来极大的影响。

3) 编剧改编能力

网络小说改编电影者需要将原著时间线、剧情走向进行梳理和改编,使电影改编剧本逻辑条理清晰且契合原著。因此,编剧改编能力也是影响电影票房的特征因素之一。

4) 电影类型

电影类型在一定程度上反映了一部电影的风格,也在一定程度上决定了其受众群体,但是一部电影可能会有一种或者多种类型。而电影类型也可能在某种程度上影响电影票房,若将电影类型以因变量进行定量,属于该种电影类型为1,否则为0,再通过随机森林回归模型进行训练。此种处理方式中电影类型对电影票房预测的影响效果甚微。

5) 制片公司和发行公司

制片公司和发行公司对于电影的摄制质量和宣传发行有很大的影响,优秀的制片公司对电影成片的质量提供一定的保障,而发行公司能够使影片的宣传水平处于最佳的高度。一部影片的制作公司和发行公司可能是同一家,也可能有几家制作公司和发行公司。

6) 上映档期

电影上映档期对于电影票房有较大的影响,一般认为节假日、暑假、跨年档和春节档等人们具有空闲时间的日期属于电影上映的黄金档期,在这期间上映的电影票房通常会比较高。

7）作者影响力

网络小说改编电影具有一定粉丝基数的特性会给电影票房带来较大的影响，原著作者的名声、其以往具有的网络小说 IP 改编电影的经历等都会给电影票房带来一定的影响。

8）小说评分

网络小说改编电影基于网络小说本身 IP 具有的价值，而小说作者名声越高、小说本身受众群体越多，对于改编电影的基础影响力就会越大，而小说本身的受众群体则可以通过该本小说的评分（豆瓣等）或者热度等反映出来。

9）网络口碑

网络口碑对于促进电影票房具有一定程度的影响，好的网络口碑对于电影热度的增加具有正向的影响，反之则可能具有负面影响。网络口碑量值（包括评分人数、微剧评数、新闻数量等）对电影表现具有正向的影响，但是对于电影票房预测中网络口碑效应影响效果较小。

10）微博信息

微博在电影宣传中能发挥重要的作用，从而在一定程度影响电影票房。网络小说本身具有一定的话题基础，在微博上会有一定的搜索量和热度，而改编电影时官方会在微博上发布相关的宣传话题，并且原著作者也会有相应的话题和宣传，因此，微博信息指数在一定程度上会给电影票房带来影响。

由于随机森林回归模型的特性，实际操作中无需对特征因素的数据进行归一化处理或者标准化处理，重点是数据的取值怎么能够在最大程度上影响预测结果的准确性。

2. 建立随机森林回归模型

随机森林是建立在以多个决策树为基分类器之上，将特征因素以多维空间形式呈现，进一步在决策树的训练过程中引入随机特征选择的一种机器算法，是非常具有代表性的 Bagging 集成学习算法。集成学习算法通过建立几个模型组合的来解决单一预测问题。它的工作原理是生成多个分类器/模型，各自独立地学习和作出预测。这些预测最后结合成单预测，因此优于任何一个单分类作出的预测。随机森林的随机体现在两个方面：①样本的随机性，从训练集中随机抽取一定数量的样本，作为每棵决策树的根节点样本。②属性的随机性，在建立每棵决策树时，随机抽取一定数量的候选属性，从中选择最合适的属性作为分裂节点。

Bagging 集成学习算法由 Bootstrap 与 Aggregating 两部分组成，意思是自助抽样集成，这种方法将训练集分成 m 个新的训练集，然后在每个新训练集上构建一个模型，各自不相干，最后预测时将这 m 个模型的结果进行整合，得到最终结果。换句话说就是每一棵决策树就是一个精通于某一个窄领域的专家（因为我们从 M 个 feature 中选择 m 项让每一棵决策树进行学习），这样在随机森林中就有了很多个精通不同领域的专家,对一个新的问题(新的输入数据),可以用不同的角度去看待它,最终由各个专家投票得到结果。

在回归中通常使用的是平均法,包括简单平均法和加权平均法,计算公式如下:

简单平均法:

$$H(x) = \frac{1}{T}\sum_{i=1}^{T} = h_i(x)$$

加权平均法:

$$H(x) = \frac{1}{T}\sum_{i=1}^{T} = w_i h_i(x)$$

其中,w_i 是单个学习器 h_i 的权重,通常要求 $w_i \geqslant 0$, $\frac{1}{T}\sum_{i=1}^{T} w_i = 1$。

随机森林实际上是用 Bootstrap 的方法生产 m 个训练集,对于每个训练集,构建一棵独立的决策树。在构建决策树时,从训练数据中有放回地随机选取一部分样本,并且也不会使用数据的全部特征,而是随机选取部分特征进行训练,训练出的多个结果放入结合器之中,最终在多个回归结果中取平均值作为最后的结果。随机森林算法流程图如图 8-1 所示。

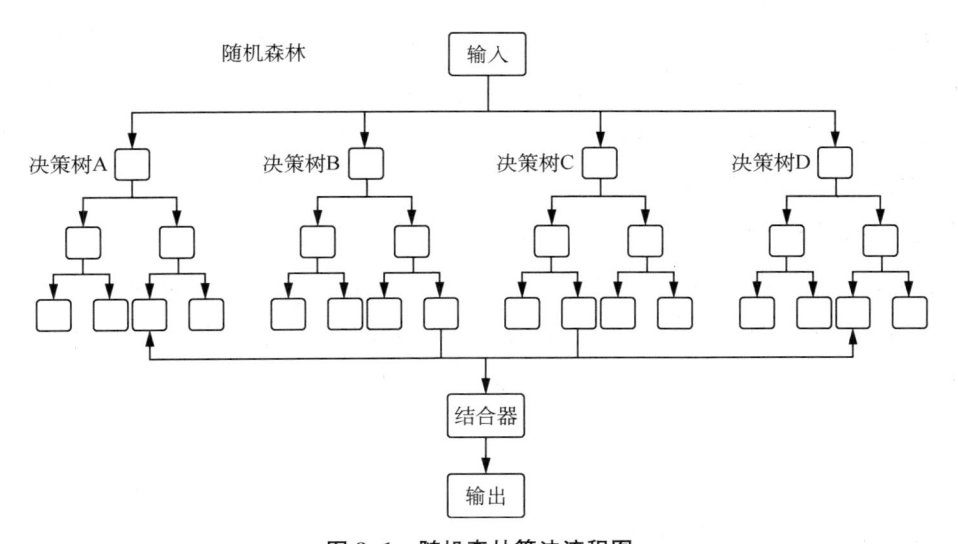

图 8-1 随机森林算法流程图

基于数据与参数,随机森林算法在函数的拟合度上会存在一定的误差,回归树中衡量分枝质量的指标有三种,这里使用均分误差(mean squared error, MSE),MSE 的计算公式如下:

$$MSE = \frac{1}{N}\sum_{i=1}^{N}(f_i - y_i)^2$$

其中：N——样本数量。

i——每一个数据样本。

f_i——模型回归出的数值。

y_i——样本点 i 实际的数值标签。

MSE 的本质其实是样本真实数据与回归结果的差异。在回归树中，MSE 不只是分枝质量衡量指标，也是最常用的衡量回归树回归质量的指标，当使用交叉验证，或者其他方式获取回归树的结果时，往往选择均方误差作为评估（在分类树中这个指标是 score 代表的预测准确率）。在回归中，我们追求的是 MSE 越小越好。

采用随机森林回归模型具有以下特点：①抗过拟合和抗噪声（异常数据）的特点。②采用集成算法，准确度高。③能处理特征较多的高维数据。④不需要对数据进行标准化或归一化处理。综上所述，选取随机森林回归算法对电影票房收入进行预测能够更加灵活、更加准确。

（二）基于改编电影的网络小说版权侵权价值收益法模型框架

1. 收益法模型

电影版权的收益可以分为票房收入和衍生品售卖两部分，而我国目前的衍生品市场还未成形，售假产品也过多，而大部分电影为真人电影，并不能对真人形象进行衍生品的制作，因此这一部分的收益较难获得而且实际占收益比例也较低。本案例只针对电影票房这一部分收益进行预测。首先采用机器算法对网络小说改编电影票房进行预测，其次采用资本资产定价模型对折现率进行换算，最后通过收益法模型对电影整体价值进行评估，考虑制片方的分成率、著作权属企业的收益以及著作权属企业需要提供给原著作者改编电影版权报酬的分成率，得到最终属于原著作者的版权价值。

在收益期明确且有限的情况下，通过收益法的模型，最终确定版权价值的评估模型如下：

$$V = \frac{A}{r}\left[1 - \frac{1}{(1+r)^n}\right]$$

其中：V——电影版权价值。

A——电影票房预期日均收益。

n——预期收益期限。

r——折现率。

1）收益额 A

本案例主要采用电影票房作为收益额预测的主要参数，并进行折现处理得出版权价值。一般而言，一部电影的制作、发行、上映的过程会经历一段漫长的过程，其中有不少部门与企业参与其中,而最后的院线票房分账也是有各自的分成率,所以导致计算比较繁琐。根据如图 8-2 所示的电影票房收入分成图,首先,根据国家规定,电影摄制放映过程中,需要先行缴纳电影事业专项基金以及税收,包括:占总票房收入 5% 的电影事业专项基金以及 3.3% 的相关税费,剩余的为可分账票房,因此,净票房收入=91.7%×总票房收入(其中,91.7%=1-5%-3.3%)。这剩余的 91.7% 收益作为净票房收入,要进行分配,其中,净票房收入的 43% 收益归属于制片方所有,这部分收益含有制片方和发行方进行收益分配,因此,制片方大约占有 37% 的净票房收益。再者,查找艺恩数据可知,国内制片方的收益通常高于 37% 低于 43%,采取国际水平收益 40% 和我国收益 37% 的平均数 38.5%。因此选取电影总票房收入×91.7%×38.5% 为本案例制片方的版权收益。故可得以下计算公式:

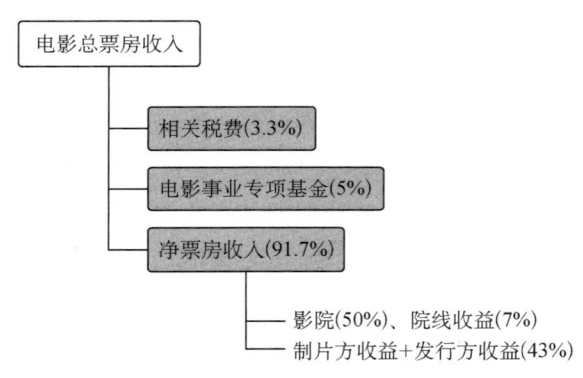

$$A = \frac{制片人收益}{电影上映天数} = \frac{电影总票房 \times 91.7\% \times 38.5\%}{上映天数\ i}$$

图 8-2 电影票房收入分成图

2) 收益期限 n

由于电影版权较为特殊,其实际经济期限达不到国家版权规定的 50 年法律寿命,而且电影后续更新速度快,一般认为我国电影收益来源于票房收益,而票房上映天数则为电影的收益期限 n。根据艺恩数据查询,电影《九层妖塔》的影院的上映天数为 32 天。

3) 折现率 r

折现率通常是指在投资风险一定的情况下,投资者对投资所期望的回报率,也称期望投资报酬率。此处,折现率是指网络小说改编制作电影所期望能够带来的投资报酬率,折现率的计算方法较多,本案例采用资本资产定价模型法对折现率进行计算,计算公式如下:

$$r = r_f + \beta \times (r_m - r_f)$$

其中：r——折现率。

β——资产的风险系数。

r_m——市场期望回报率。

r_f——无风险报酬率。

2. 基于收益法的网络小说改编电影侵权价值模型

现在根据收益法基本模型对电影版权价值进行评估。由于网络小说作为电影剧本改编的基础，需要获得小说版权的相关权利，而版权在转让过程中可以将著作权完全转让。例如，《鬼吹灯》原著作者张牧野在2007年将《鬼吹灯》IP的著作权以税前150万元转让给上海玄霆娱乐信息科技有限公司（以下简称玄霆公司），并且玄霆公司承诺若作品成功签署影视改编权协议，则将该部分影视改编所产生报酬的40%作为奖励支付给张牧野。另外，著作权也可以进行部分权利的转让，如2016年张牧野新书《摸金玦》的电影改编权拍卖出了4 000万元。

因此，根据制片方获得电影改编权的具体合同的情况，将其中归属于原著作者版权收入的收益分成率定义为X_1，X_2，X_3等，如：2014年4月26日，梦想者公司（甲方）、乐视公司（乙方）、北京猿川影视文化有限公司（丙方）签订《电影〈精绝古城〉上部和下部合作投资、承制合同》，按照合同有关收益分配和著作权条款约定梦想者公司根据投资比例享有本项目的净利润，所获收益比例定义为X_1；2015年5月1日，CHEN XI ASSERT MANAGEMENT CO. LTD（授权方）与梦想者公司（被授权方）签订《文学作品改编权授权书》，合同约定授权方将《鬼吹灯之精绝古城》（以下简称授权作品）的电影改编权、摄制权在全球范围内授权给梦想者公司在有限范围内使用，将合同约定的授权方所获收益比例定义为X_2；根据《鬼吹灯》原著作者张牧野在2007年将《鬼吹灯》IP的著作权以税前150万元转让给玄霆公司，并且玄霆公司承诺若作品成功签署影视改编权协议，则将该部分影视改编所产生报酬的40%作为奖励支付给张牧野，将张牧野通过电影改编产生的报酬比例定义为X_3。作者版权收益计算公式如下：

$$P_1 = V \times X_1 \times X_2 \times X_3$$
$$= \sum_{i=1}^{n} \frac{A_i}{(1+r)^i} \times X_1 \times X_2 \times X_3$$

其中：P_1——网络小说改编电影原著作者版权收益。

V——制片方电影版权收益。

网络小说改编电影是以取得小说版权的电影改编权为前提的，因此，大部分情况下并不容易对原著作者产生改编权的侵权行为。根据《著作权法》规定版权包括人身权和财产权,制片方在签订合同取得小说版权相关权利的前提下,在约定的时间和条件内并不容易对相关权利侵权,但较为容易侵犯的权利包括:署名权和保护作品完整权。

目前,我国司法审判中对版权侵权行为的实际侵权价值难以界定,一般通过对著作权人产生的精神损失进行主观性赔偿。基于以上背景,本案例拟提出通过对著作权各个权利内容的侵权行为难易程度进行权重划分,将侵犯具体权利按比例分成并定义为t,可得到以下公式:

$$P = V \times X_1 \times X_2 \times X_3 \times t$$
$$= \sum_{i=1}^{n} \frac{A_i}{(1+r)^i} \times X_1 \times X_2 \times X_3 \times t$$

其中:P——基于改编电影的网络小说版权侵权价值。

t——侵权赔偿比例。

三、分析思路

结合计算机算法和资产评估方法能否给资产评估带来便利,本案例主要介绍使用随机森林回归算法计算收益法参数之一收益额的评估过程,仅供参考。

(1) 从电影产业和无形资产的特征来看,收益分成法就是最适合用于电影版权评估的方法。收益分成法是收益法运用于无形资产评估时的一种变形,又称节省许可费法,是利益相关主体对收益总额进行的分割,即版权的所有者通过收取一定费用将版权许可给他人使用,这种费用叫作许可费,是对其版权收益的补偿,许可费用率(也叫分成率)一般是市场水平或行业平均水平。收益分成法运用电影版权价值评估时,分成对象则是票房收入。

(2) 案例引入随机森林回归模型对电影票房收入进行预测,任何回归都是从特征矩阵中学习以此求解连续型标签的过程,之所以能够实现这个过程,是因为回归算法认为,特征矩阵与标签之间存在某种联系,并可以通过学习进而模拟某种联系。随机森林回归算法属于集成模型,通过集成模型进行预测可以降低方差,而方差越低就说明模型越稳定。随机森林回归算法比较灵活,可以通过调整特征数据和参数来降低误差,并且无需对特征数据进行归一化和标准化,这给特征数据处理的过程带来了一定的便利,而且所得出结果也较为合理和准确。基于此,本案例选择随机森林回归算法作为基础搭建电影票房收益额预测的模型。

(3) 电影版权的收益可以分为票房收入和衍生品售卖两部分。而我国目前的衍生品市场还未成形,售假产品也过多,而大部分电影为真人电影,并不能对真人形象进行衍生品的制作,因此这一部分的收益较难获得而且实际占收益比例也较低,因此,本案例只针对电影票房这一部分收益进行预测。首先采用机器算法对网络小说改编电影票房进行预测,其次采用资本资产定价模型对折现率进行换算,最后通过收益法模型对电影整体价值进行评估,考虑制片方的分成率、著作权属公司的收益以及著作权属公司需要提供给原著作者改编电影版权报酬的分成率,得到最终属于原著作者的版权价值。

四、理论依据

(一)版权的概念

版权即著作权,是指文学作品的作者对其作品享有的权利。版权的取得有两种方式:自动取得和登记取得。版权包含以下人身权和财产权:发表权、署名权、修改权、保护作品完整权、复制权、发行权、出租权、展览权、表演权、放映权、广播权、信息网络传播权、摄制权、改编权、翻译权、汇编权,以及应当由著作权人享有的其他权利。

无国籍人的作品根据其作者所属国或者经常居住地国同中国签订的协议或者共同参加的国际条约享有的著作权,受我国法律保护。外国人、无国籍人的作品,在中国境内出版的,其著作权自在中国境内出版之日起受中国法律保护在中国,按照《著作权法》规定,小说完成就自动有版权。所谓完成,是相对而言的,只要创作的对象已经满足法定的作品构成条件,即可作为作品受到著作权法保护。在学理上,根据性质不同,版权可以分为著作权及邻接权,简单来说,著作权是针对原创相关精神产品的人而言的,而邻接权的概念,是针对表演或者协助传播作品载体的有关产业的参加者而言的,如表演者、录音录像制品制作者、广播电视台、出版社等。

外国人或者外国在中国国内首次出版的,受我国法律保护,其他的根据国际条约确定,多数重要国家已经和中国一起参加了共同的国际条约,在这些缔约国境内产生的作品同样受到我国著作权法的保护。根据学理,版权具有地域性,也就是说,各国承诺保护作品的知识产权,但是如何保护、作者有哪些权利、保护期限多长,由各个国家自己决定,在中国发生的作品使用行为显然就需要按照中国的著作权法来判定,在美国发生的著作权使用行为就需要按照美国的版权法来判定。

(二)收益法

详细内容见案例六。

(三)节省许可费法的相关概念

详细内容见案例六。

五、关键要点

(1)关键所在:结合计算机算法和资产评估方法,采用随机森林算法对电影收益进行预测评估,评估要点则是对基于改编电影的网络小说版权侵权价值评估。

（2）关键知识：考虑机器算法的可行性和便利性，再对影响因素进行测试，使评估结果最终在误差较小的范围之内，符合评估的要求并且具有一定的非主观性。

（3）能力点：通过案例学习，了解掌握基于改编电影的网络小说版权侵权价值评估的知识点。读者也应认识到侵权行为的危害，这类行为不可取。

六、结语

该案例以被改编成电影的网络小说版权为例，运用随机森林回归模型预测收益额，通过机器学习算法搭建电影票房预测模型，对该版权进行估值，希望读者能借此学习该类型无形资产的价值评估。

思考题

（1）计算机算法与资产评估方法结合是否会带来便利？在带来便利的同时其评估结果是否会有一定的局限性，具体表现有哪些？

（2）采用相关的影响因素会对随机森林的结果产生影响，是否能应用在收益法之中，若采用不同的影响因素能否对收益法的准确度进行增强？

（3）影响网络小说版权的影响因素还有哪些？

案例九　海洋资源价值评估

一、案例背景

资源性资产是指具有明确的所有权且在一定的技术经济条件下能够给所有者带来效益的稀缺自然资源。资源性资产一般是指自然界中存在的天然物质财富及其无形财富，如矿藏、石油、森林、草原、土地、江河、动植物等。

海洋蕴藏着品种丰富且数量巨大的自然资源，对人类的生存有着不可或缺的重要影响。自然资源无价观念的长期影响，是资源浪费和破坏的重要原因，人们过度不合理地对海洋资源进行开发，导致海洋环境破坏严重，这将会严重制约社会发展和沿岸人民健康生活。因此，运用科学方法对海洋资源资产进行合理评估，有助于实现海洋资源资产化管理，也能够促进人们树立正确的海洋自然资源资产价值观，改善生态环境。

资源性资产评估是对资源性资产使用权的估算和评定。但是，由于资源性资产使用权是依附于资源资产实体存在的，因此，资源性资产评估就不能脱离资源资产实体而存在，要结合资源资产的数量、质量、市场供求关系及资源产品的价值、资源政策等各种影响因素进行评估。本案例通过对海洋资源资产的评估方法以及评估假设进行简要的探索，为海洋资源资产的评估提供理论参考，从而为资源性资产的管理和发展奠定基础。

二、资产评估资料

(一) 委托方概况

山东好当家海洋发展股份有限公司(以下简称好当家)坐落于山东半岛最东端——荣成市，创建于1978年，经过30多年的不懈努力，现已发展成一处集远洋捕捞、水产养殖、食品加工、热电造纸、滨海旅游等产业于一体的大型国家级企业集团，形成了渔工贸、产学研一体化的综合性经营格局。好当家是农业产业化国家重点龙头企业，是国内第一家海洋食品产业上市公司，是全国最大的海参养殖企业，主营业务包括生态型海水育苗与养殖、海洋食品加工出口及精深加工、远洋捕捞、海洋生物医药保健等。

（二）评估机构概况

开元资产评估有限公司（以下简称开元评估）系经我国财政部、中国证券监督管理委员会（以下简称中国证监会）、国家市场监督管理总局、北京市财政局批准注册的具有资产评估资格、证券期货相关业务评估资格、全国范围内执业的专业资产评估机构。开元评估注册地和总部设在北京，主要从事各类单项资产评估、企业整体资产评估、市场所需的其他资产评估或者项目评估以及评估咨询等业务。

三、分析思路

2012年12月，好当家决定以自身拥有的海域使用权及其围堰造礁工程等配套设施和一宗土地使用权作为抵押物发行10亿元公司债券，并于2013年5月1日决定在本次拟发债抵押担保资产的范围内增加5宗土地使用权和7幢房屋建筑物。2013年9月18日，证监会发行审核委员会审核通过了好当家本次公开发行公司债券的申请。

为配合本次债券发行工作，开元评估对好当家拟发债抵押担保资产进行了两次评估，并于2012年12月24日出具了开元（京）评报字〔2012〕第150号评估报告，收取评估费15万元；于2013年5月16日出具了开元评报字〔2013〕023号评估报告，收取评估费5万元，两份评估报告签字评估师均为孟庆民和张革。

涉案的两份评估报告中的苏山岛海域评估价值均为55 554.23万元，该价值占开元（京）评报字〔2012〕第150号评估报告评估总价值的24.5%，占开元评报字〔2013〕023号评估报告评估总价值的21.34%。已知两份评估报告对苏山岛海域使用收益法预测的重要前提是：苏山岛约89 603.55亩海域全部采用人工鱼礁养殖方式。

在收入预测时，假设好当家从2012年10月开始投苗，每亩每年投放参苗（秋苗）4 000头，养殖时间满2年可全部收获。采用人工鱼礁养殖方式进行养殖，从2015年起即可获得全面达产的稳定收益，并按每亩的年产量70公斤预测收入。开元评估采用收益法对苏山岛海域使用权进行评估。在以上假设前提下，按照收益法的计算方式，得出苏山岛海域的海域使用权评估价值为55 554.23万元。

在资产评估中使用收益法需要考虑的因素如下：

（1）海洋资源结构、功能、质量、自然生长力等对收益的影响。

（2）海洋资源管理相关法律法规、财政补贴政策、采伐制度等对收益的影响。

（3）根据海洋资源资产的特点、经营类型、风险因素等相关条件合理确定折现率。

经调查，开元评估对苏山岛海域使用权评估的假设不合理，主要体现在以下方面：

（1）2012年上半年好当家在苏山岛海域进行了实验性投苗，共投放参苗1 117 266头，占评估假设投苗量的0.31%。

（2）在评估基准日（2012年9月30日）至评估报告出具日（2012年报告的出具日

为2012年12月24日,2013年报告的出具日为2013年5月16日)期间,好当家未继续在苏山岛海域投放海参苗;好当家在苏山岛海域拟采用的海参养殖方式为深海网箱或者是深海网箱与人工鱼礁相结合的方式,而非单纯的人工鱼礁养殖方式,在不同养殖方式下海参的投苗量及成活率不同,会对海参预测产量产生较大影响。

(3) 在纳入评估范围的近9万亩海域中全面投放海参苗需要一个较长的过程,实现全面达产收益也需要一个过程。因此,开元评估关于被评估海域能够自2015年起即可持续获得亩产量70公斤稳定收益的假设不合理。

四、理论依据

资源性资产的定义:资源性资产是一部分自然资源资产化的表现形式。

资源性资产与自然资源相比,其物质内涵是一致的,除了具有自然资源的基本特性,根据资产的含义,还具有经济属性和法律属性。

资源性资产评估的基本方法主要是市场法、剩余法、收益法和成本法。但在具体方法运用以及参数确定上,不同类型的资源性资产具有派生的适合各类资源性资产评估的特定方法。

首先,市场法是以相同或类似资源性资产的现行市价作为比较基础,评估待估海洋资源资产价值的方法。其计算公式如下:

$$P = K \times K_b \times G$$

其中:P——海洋资源资产评估值。

K——海洋资源价值调整系数。

K_b——物价指数调整系数。

G——参照物单位蓄积的交易价格。

其次,剩余法又称市场价倒算法,是用被评估海洋资源能够获取的市场销售总收入,扣除海洋资源经营所消耗的成本(含有关税费)及合理利润后,将剩余部分作为海洋资源资产评估价值的方法。其计算公式如下:

$$P = W - C - F + S$$

其中:P——海洋资源资产评估值。

W——销售总收入。

C——海洋资源经营成本(包括采运成本、销售费用、管理费用、财务费用及有关税费)。

F——海洋资源经营合理利润。

S——海洋资源的再生价值。

再次,收益法是指通过估测被评估资产未来预期收益的现值来判断资产价值的各种评估方法的总称。它服从资产评估中将利求本的思路,即采用本金化和折现的方法判断和估算资产价值。

在收益年期有限,资本化率大于 0 的条件下,收益法的成立条件如下:

(1) 纯收益每年不变。

(2) 资本化率固定且大于 0。

(3) 收益年期(并假设为 n)。

假设企业的增长率 g 是固定的,企业海洋资源的整体价值计算公式如下:

$$P = \sum_{i=1}^{t} \frac{kR_0(1+g)^i}{(1+r)^i}$$

其中:P——企业拥有的海洋资源的价值。

R_0——表示企业当年的收益额,一般用现金流量表示。

r——折现率,可用企业的预期报酬率或企业的加权平均资本成本表示。

i——企业海洋资源经营年限。

t——企业海洋资源总使用期限,如果持续经营则 $t \to +\infty$。

g——企业平均净现金流量的增长率,确定方法有:①历史数据分析法,即在企业过去历年数据分析的基础上,利用统计的方法计算出平均增长率。②发展趋势分析法,即 $g =$ 企业剩余收益中用于再投资的比例 $\times$ 企业净资产利润率。

k——海洋资源投资价值占整个企业价值的比重,它的确定是收益现值法的关键。

最后,补偿价格法是成本法的一种形式之一。资源性资产补偿价格构成因素及其设计标准,除了实际发生的,通常按国家有关规定加以规范。评估资源性资产补偿价格时,首先要实地勘察评估对象,根据有关法规和评估对象的实际情况,确定补偿价格的构成要素,评估各类费用。

资源性资产的评估具体步骤如下:

(1) 踏勘评估对象,查阅有关法规。

(2) 确定补偿价格的构成因素。

(3) 确定补偿价格的计费方法。根据资源性资产补偿价格的构成要素,有两种的计费途径。①根据实际计费,适用于对已经发生的各种费用的评估。②根据法定或公允计费标准计费,适用于预提费用性质的价格构成要素的评估。

(4) 汇总价格构成的各要素,选择同类对象参照比较,综合确定资源性资产的补偿价格。

其计算公式如下：

$$资源性资产补偿价格 = \sum(补偿价格的各构成要素 \times 该构成要素的计费标准) \pm 参照比较调整额$$

在实际评估实务中，往往由上述一般途径得到两种简化的方法。一是费用核算法，即按评估对象补偿价格的特定构成及计费标准来估价的方法。由于资源性资产在空间上不可位移，从而可比较性较差，这种方法通常是适用的。二是市场法，即通过类似交易价格，考虑不可比因素进行调整而得到评估价的方法，这在能够寻找类似交易时是适用的。

五、关键要点

(1) 关键所在：掌握资源性资产价值评估方法。

(2) 关键知识：收益法。

(3) 能力点：通过案例学习，了解如何对海洋资源资产价值进行估算，进而掌握资源性资产价值评估的知识点。

六、结语

该案例以山东好当家海洋发展有限公司海域使用权数据为依据，通过运用收益法，对其海洋资源价值评估过程进行研究，分析该假设是否合理科学，希望读者能学会资源性资产的价值评估方法。

思考题

(1) 资源性资产的经济属性是什么？

(2) 资源性资产的价值影响因素主要有哪些？

(3) 资源性资产价值评估的方法选择应注意哪些方面？

案例十　基于生态系统服务功能视角的湖泊价值评估

一、案例背景

习近平总书记在党的十九大报告中指出,坚持人与自然的和谐共生,必须要践行"绿水青山就是金山银山"的发展理念,要坚持节约资源和保护环境的基本国策。2022年1月,生态环境部召开全国生态环境保护工作会议,会议指出生态环境系统要从党的百年奋斗历程中汲取智慧和力量,奋力抒写生态文明建设新篇章,为全面建成社会主义现代化强国夯实绿色根基。由此可见,生态系统对我国未来绿色、健康的可持续发展的重要性,它是无可替代的自然资产。

湖泊作为生态系统的重要组成部分,发挥着供给、调节、文化、支持等多种服务功能(江波等,2016[①])。但随着我国工业化程度的不断提高,湖泊水污染的现象也愈发严重(杨桂山等,2010[②]),我国六大淡水湖的水质从20世纪80年代到21世纪初均出现了较为明显的下降,这些都会或直接或间接地导致湖泊生态系统失衡,使得湖泊的服务功能价值降低甚至下降为负值。本案例的研究对象滇池便是其中水质下降最为严重的湖泊之一,截至2020年国家为治理滇池而投入的资金已超过500亿元。因此,为了全面了解滇池的现状及价值,本案例对滇池生态系统的服务价值进行评估。根据滇池的特点,分别选取了水供给、蓄水、气候调节、气体调节、水净化、调蓄洪水、娱乐与生态旅游、土壤形成与保持这8项评估指标,采取了市场法、影子工程法、替代成本法、旅行费用法、机会成本法等方法进行全面、系统的评估,以期为湖泊生态系统服务价值评估提供经验借鉴,也为政府日后对滇池的管理与治理措施提供数据基础。

滇池位于云南省昆明市,是我国西南地区最大的淡水湖泊,也是全国第六大淡水湖,属金沙江(长江)水系,地处长江、珠江、红河三大河流水系的分水岭地带,素有"高原明珠"之美称。截至2019年年末,滇池湖面面积为309.50平方千米。按南北位置可分为外海和草海两

[①] 江波,Christina P. Wong,欧阳志云. 湖泊生态服务受益者分析及生态生产函数构建[J]. 生态学报,2016,36(8):2422-2430.
[②] 杨桂山,马荣华,张路,等. 中国湖泊现状及面临的重大问题与保护策略[J]. 湖泊科学,2010,22(6):799-810.

部分,其中外海湖面面积 298.70 平方千米,平均水深 5.30 米,草海湖面面积 10.80 平方千米,平均水深 2.30 米。整个滇池流域是云南省人口最密集、经济最发达的地区。

二、资产评估资料

(一) 相关信息

滇池作为昆明的"母亲湖",尽管在 20 世纪 80 年代受到城镇化和工业快速发展的影响,其水质曾一度恶化为劣Ⅴ类,但随着近年来国家对滇池的保护治理,滇池水质已好转为Ⅳ类。水质的改善使得滇池生态系统加快恢复,消失多年的海菜花、苦草等水生植物,以及滇池银白鱼等土著鱼类重新出现,濒临灭绝的国家珍稀鸟类彩鹮和白眉鸭、消失 30 多年的野生鸬鹚也再现滇池。现在的滇池仍蕴含着巨大的生态系统服务功能价值,主要包括供给服务、调节服务、文化服务、支持服务四类服务功能价值。

(二) 估价目的及价值类型

本案例的估价目的是为湖泊生态系统服务价值评估提供经验借鉴,也为政府日后对滇池的管理与治理措施提供数据基础。此次评估的价值类型为市场价值。

(三) 评估基准时间段

本案例选择 2019 年作为评估基准时间段,相关的计算参数取该时段的平均值。选取该时段的理由主要是:①滇池水质在 2018 年之前为Ⅴ类和劣Ⅴ类水,该两类水质较差,服务功能价值较低。②2018 年至今,滇池水质上升为Ⅳ类,意味着滇池可用于一般工业用水及人体非直接接触的娱乐用水等用途,从而具有较大的供给服务和调节服务价值。因此选择 2019 年作为评估基准时间段更有意义。

(四) 评估指数、方法及过程

1. 评估指数与方法

通常来说,对湖泊生态系统的服务功能进行评估,主要基于四类服务功能指标:供给服务、调节服务、文化服务、支持服务。供给服务是能为人类直接带来惠益和经济效益的服务,如提供水产品、原材料、水供给、蓄水等;调节服务是人类获得的来自生态系统调节作用中的收益,如气候调节、气体调节、水净化、调蓄洪水等;文化服务是人们获得的非物质收益,如娱乐与生态旅游、文化遗产、教育价值等;支持服务为其他的服务产生提供了基础,如土壤形成与保持,提供生态环境、营养循环等。

根据滇池前期研究基础、统计资料分析以及实地调研情况,同时参考了国内外水生态系统及湖泊生态系统服务功能的分类方法及评估方法(江波等,2015[①];高伟

---

① 江波,Christina P. WONG,陈媛媛,等. 湖泊湿地生态服务监测指标与监测方法[J]. 生态学杂志,2015,34(10):2956-2964.

等,2019[1];吴素文等,2022[2]),本案例选取了水供给、蓄水、气候调节、气体调节、水净化、调蓄洪水、娱乐与生态旅游、土壤形成与保持这 8 项指数作为滇池生态系统服务功能价值的评估指标。其中,因昆明市滇池管理局发布了滇池"十年全面禁捕"政策(2019—2029),所以本案例不考虑提供水产品此项指标。具体评估指标对应的评估方法如表 10-1 所示。

表 10-1　滇池生态系统服务功能价值评估方法

服务功能类型	服务指标名称	评估方法
供给服务	水供给	市场价值法
	蓄水	影子工程法
调节服务	气候调节	影子工程法
	气体调节	替代成本法
	水净化	替代成本法
	调蓄洪水	影子工程法
文化服务	娱乐与生态旅游	旅行费用法
支持服务	土壤形成与保持	机会成本法

2. 生态系统服务功能价值评估过程

1) 供给服务

(1) 评估水供给价值。水供给是指湖泊生态系统为人类提供符合标准的淡水资源。本案例选取了市场价值法对水供给价值进行评估,采用昆明市当地水价乘以滇池 2019 年的水资源供给量即得出滇池水供给的经济价值,则计算公式如下所示(赵良斗,2015[3]):

$$W_w = \sum A_i P_i$$

其中:W_w——滇池的水供给功能价值。

A_i——第 i 种用途的水的供给量。

P_i——第 i 种用途水的市场单价。

昆明市滇池管理局发布了通告:从 2018 年至今滇池全湖水质保持为Ⅳ类,按照我国生态环境部发布的《地表水环境质量标准》可以了解到,Ⅳ类水质主要适用于一般工

---

[1] 高伟,杜展鹏,严长安,等.污染湖泊生态系统服务净价值评估:以滇池为例[J].生态学报,2019,39(5):1748-1757.
[2] 吴素文,宋军,张燕,等.海洋生态系统服务价值及评估研究进展[J].海洋预报,2022,39(1):104-116.
[3] 赵良斗,张烈,黄尤优,等.青竹江河流生态系统服务价值初探[J].中国人口·资源与环境,2015,25(S1):123-125.

业用水区及人体非直接接触的娱乐用水区。从昆明市农业农村局及昆明市水务局官方获取数据可知,2019全年滇池的供水量为 $3.92×10^8 \text{ m}^3$,其不同用处的自来水综合价格为3.14元。根据公式计算得到2019年滇池水供给价值为 $12.31×10^8$ 元/m^3。

(2) 评估蓄水价值。湖泊都具有一定的蓄水功能,旱季时湖水输出可以避免旱灾,而雨季时雨水输入也可防止洪涝。本案例选取了影子工程法对蓄水价值进行评估,利用单位库容价值乘以滇池2019年年末库容量(蓄水量)即可估算出滇池蓄水价值,则计算公式如下所示(高伟等,2019[①]):

$$WR = LS \times DP$$

其中:WR——滇池的蓄水功能价值。

LS——滇池2019年库容量。

DP——昆明单位水库库容平均造价。

根据昆明水务局发布的水资源公报可知,2019年滇池库容量为 $14.92×10^8 \text{ m}^3$,而单位水库库容平均造价取 8.4 元/m^3(冯达等,2020[②])。根据公式计算可得2019年滇池蓄水价值为 $125.33×10^8$ 元/m^3。

2) 调节服务

(1) 评估气候调节价值。气候调节是指湖泊通过其水分蒸发作用而降低地面温度并增加空气湿度的调节效应。本案例选取了影子工程法对气候调节价值进行评估,可以用滇池年蒸发量乘以每单位水分蒸发所需的经济费用得出气候调节服务功能价值,则计算公式如下所示(江波等,2015[③]):

$$V_r = Q_r \times P_r \times E$$

其中:V_r——滇池的气候调节服务功能价值。

Q_r——1 m^3 水转化为水蒸气的耗电量。

P_r——昆明市电价。

E——滇池水面蒸发量。

以市面上功率为 32 W 的加湿器计算,将 1 m^3 水转化为蒸汽耗电量约为 125 kW·h,昆明市平均电价取值为 0.45 元 $\text{kW}^{-1} \cdot \text{h}^{-1}$,而滇池水面蒸发量为 1 065.8 mm/a(温庆等,

---

[①] 高伟,杜展鹏,严长安,等.污染湖泊生态系统服务净价值评估:以滇池为例[J].生态学报,2019,39(5):1748-1757.

[②] 冯达,胡理乐,陈建成.基于生态价值评价的北京自然保护地保护空缺分析[J].生态学杂志,2020,39(12):4233-4240.

[③] 江波,张路,欧阳志云.青海湖湿地生态系统服务价值评估[J].应用生态学报,2015,26(10):3137-3144.

2018[①])。根据公式计算可得滇池气候调节价值为 $185.55×10^8$ 元/年。

(2) 评估气体调节价值。气体调节是指通过湖泊内的浮游生物及植物所进行的固碳释氧活动来减缓温室效应的过程。本案例选取了替代成本法对气体调节价值进行评估,气体调节服务主要是通过固定 CO_2 和释放 O_2 的方式来发挥作用,所以需要计算固碳释氧的经济价值。根据光合作用的方程式"$6CO_2+6H_2O=C_6H_{12}O_6+6O_2$"可推算出植物每生产 1 g 干物质可以吸收 1.63 gCO_2,并释放 1.19 gO_2,再结合我国的造林成本和工业制氧费用,即可求得气体调节服务功能价值。具体计算公式如下所示(张慧等,2009[②]):

$$P=(1.63C_1+1.19C_2)×(X_1S_1+X_2S_2)$$

其中:P——滇池的气体调节服务功能价值。

X_1、X_2——滇池草海、外海水域的初级生产力。

S_1、S_2——滇池草海、外海水面面积。

C_1——固定 CO_2 的成本。

C_2——释放 O_2 的成本。

由昆明市滇池管理局的数据可知,滇池草海的水面面积为 $10.8\ km^2$,滇池外海的水面面积为 $298.7\ km^2$。滇池草海和外海 2006—2015 年的平均初级生产力分别为 4 359 mgC·m^{-2}·d^{-1} 和 2 005 mgC·m^{-2}·d^{-1}(高伟等,2019[③])。C_1 采用我国的造林成本为 260.90 元·t^{-1} 和国际通用的碳税率 150 美元·t^{-1}(按 2019 年平均汇率 1 美元=6.896 7 元人民币计算,即碳税率为 1 034.50 元·t^{-1})的平均值作为碳税标准,即 C_1 为 647.70 元·t^{-1},C_2 制氧成本则采用工业制氧平均价格 400 元/t。根据公式计算可得滇池气体调节价值为 $13.97×10^8$ 元/年。

(3) 评估水净化价值。水净化是指湖泊生态系统通过生物协同、物理、化学作用对排入湖泊的污染物进行分解、吸收降解、沉淀等过程。本案例选取了替代成本法来对水净化价值进行评估,因滇池的主要污染物是 COD、TN、TP,所以采用滇池对这三种污染物的净化能力分别乘以相对应的污染物治理成本即可计算出滇池水净化价值,则计算公式如下所示(高伟等,2019[③]):

$$PV=\sum(PV_i×PM_i)×10^8$$

[①] 温庆,张刘东,代启亮.滇池流域多年 ET0 及其影响因素变化趋势分析[J].水利水电技术,2018,49(12):27-35.

[②] 张慧,孙英兰.青岛前湾填海造地海洋生态系统服务功能价值损失的估算[J].海洋湖沼通报,2009(3):34-38.

[③] 高伟,杜展鹏,严长安,等.污染湖泊生态系统服务净价值评估:以滇池为例[J].生态学报,2019,39(5):1748-1757.

其中：PV——滇池的水净化功能价值。

PV_i——滇池对第i种污染物的净化能力。

PM_i——目前市场上第i种污染物的治理成本或收费标准。

通过参考文献得知，滇池对COD、TP、TN三种污染物指标的净化能力分别为19 266吨/年、295吨/年、3 805吨/年（马巍等，2007[1]）。根据昆明市发展和改革委员会发布的《关于实施昆明市主城区第二步供排水价格和调整污水处理价格有关问题的通知》（昆发改审批办〔2009〕46号）规定，污水处理综合价格为1.1元/吨。根据生态环境部华南环境科学研究所（现改为生态环境部）编制的《生活源产排污系数及使用说明（修订版 2011）》，得知昆明市对于COD、TN、TP三种污染物的人均产生系数及人均用水量，污水处理标准按《GB 18918—2002城镇污水处理厂污染物排放标准》一级B类排放标准进行计算，根据每种污染物所需削减量占比及污水综合单位处理价格，可得COD治理成本为2 336.00元/吨，TN治理成本为20 183.00元/吨，TP治理成本为183 300.00元/吨。最后代入公式计算可得滇池水净化价值为7.49×10^8元/年。

（4）评估调蓄洪水价值。调蓄洪水是指湖泊在暴雨时节临时性地充当"蓄水库"，从而缓解洪水造成的突发性威胁。本案例选取了影子工程法来对调蓄洪水价值进行评估，可以通过滇池历年来水位最高值与最低值对应的库容量之差得出滇池最大可储蓄的雨水量，再乘以每单位库容价值，即可求得调蓄洪水价值。则计算公式如下所示（高伟等，2019[2]）。

$$AF = (LHS - LLS) \cdot DP$$

其中：AF——滇池的调蓄洪水功能价值。

LHS——滇池多年平均最高水位对应的库容量。

LLS——滇池多年平均最低水位对应的库容量。

DP——昆明市单位水库库容的平均造价。

根据滇池前期研究资料，其最高年平均水位为1 887.42 m，最低年平均水位为1 885.93 m，相对应的库容量分别为15.71×10^8 m³、11.24×10^8 m³（贺克雕等，2019[3]），而昆明市单位水库库容的平均造价，取值为8.4元/m³（冯达等，2020[4]）。根据公式计算可得滇池调蓄洪水价值为37.55×10^8元/年。

---

[1] 马巍,李锦秀,田向荣,等.滇池水污染治理及防治对策研究[J].中国水利水电科学研究院学报,2007(1)：8-14.

[2] 高伟,杜展鹏,严长安,等.污染湖泊生态系统服务净价值评估：以滇池为例[J].生态学报,2019,39(5)：1748-1757.

[3] 贺克雕,高伟,段昌群,等.滇池、抚仙湖、阳宗海长期水位变化(1988—2015年)及驱动因子[J].湖泊科学,2019,31(5)：1379-1390.

[4] 冯达,胡理乐,陈建成.基于生态价值评价的北京自然保护地保护空缺分析[J].生态学杂志,2020,39(12)：4233-4240.

3) 文化服务

本案例中湖泊价值的文化服务主要是指娱乐与生态旅游价值。云南四季如春、气候宜人,滇池作为云南最大的淡水湖,是来自西伯利亚的海鸥的最佳过冬之地,成千上万只海鸥起飞之景让滇池迅速成为游客的网红打卡点,滇池周围也正以滇池为中心发展起了一条成熟的经济商业圈,如海埂公园、西山、大观等,因此滇池具有极高的娱乐与生态旅游价值。本案例选取了旅行费用法对娱乐与生态旅游价值进行评估,即采用滇池2019年全年旅游收入作为其旅游价值。根据昆明滇池国家旅游度假区经济发展局发布的数据可以得知,2019年滇池旅游收入为 48.17×10^8 元,所以滇池娱乐与生态旅游价值为 48.17×10^8 元/a。

4) 支持服务

本案例中湖泊价值的支持服务主要是指土壤形成与保持价值。土壤形成与保持是指湖泊生态系统可以防止土壤流失的侵蚀调控能力、对泥沙的拦截能力以及河流湖泊湿地库坝中的淤泥储积能力(刘月等,2019[①])。本案例选取了机会成本法对土壤形成与保持价值进行评估,可根据滇池面积、湖底淤泥储积速度、目前湖底有效淤泥厚度及单位耕地的经济收益来估算滇池土壤形成与保持价值。则计算公式如下所示(高伟等,2019[②]):

$$SP = SR \cdot BS \cdot EM/ET \cdot 10^{-6}$$

其中:SP——滇池土壤形成与保持功能价值。

SR——滇池底泥淤积速度。

BS——湖底面积。

ET——土壤有效土层深度。

EM——每单位面积耕地的平均收益。

根据昆明市农业农村局和昆明市滇池管理局数据得知,昆明市每单位面积耕地的平均收益为 24 004.83 元/hm²(平方公顷),底泥淤积速度为 0.02 m/年,湖底面积为 2.67×10^{10} km²,并采用全国土层厚度的均值替代土壤有效土层深度,约为 0.989 3 m(王绍强等,2001[③])。代入公式计算可得滇池土壤形成与保持价值为 0.13×10^8 元/年。

(五) 估价结果

本案例以滇池作为研究对象,通过构建生态系统服务功能价值评估体系对其

[①] 刘月,赵文武,贾立志. 土壤保持服务:概念、评估与展望[J]. 生态学报,2019,39(2):432-440.
[②] 高伟,杜展鹏,严长安,等. 污染湖泊生态系统服务净价值评估:以滇池为例[J]. 生态学报,2019,39(5):1748-1757.
[③] 王绍强,朱松丽,周成虎. 中国土壤土层厚度的空间变异性特征[J]. 地理研究,2001(2):161-169.

供给服务、调节服务、文化服务、支持服务四类服务功能价值进行评估,研究结论如下:

(1) 2019年滇池的生态系统服务功能的总价值为430.50亿元(12.31+125.33+185.55+13.97+7.49+37.55+48.17+0.13),单位面积价值为1.39亿元/km²。滇池生态系统服务功能较为丰富,对于保护生态安全和促进昆明市的经济发展起着至关重要的作用。

(2) 四类服务功能类型中,调节服务功能价值占比最大,占总价值的56.81%。在细分指标中,气候调节功能占比最大,占总价值的43.10%。滇池通过水分蒸发对大气温度和湿度进行调节。昆明素有"春城"之美誉,其中部分原因便是夏天时滇池的气候调节作用。

(3) 水供给、水净化、土壤形成与保持,该3项指标总价值量占比不超过5%,最根本的原因在于滇池较差的水质(Ⅳ类)。滇池水质较差使得滇池提供的淡水资源只能用于一般工业用水区以及人体非直接接触的娱乐用水区,而无法用于居民生活用水、水产养殖以及游泳等用途。同样,滇池生态系统也无法通过生物协同、物理、化学作用对排入湖泊的污染物进行分解、吸收降解、沉淀等过程。滇池水净化能力较弱,因此各项污染物指数含量超标,加重了对土壤的侵蚀,所以土壤形成与保持的价值量占比也不高。滇池生态系统服务功能价值汇总如表10-2所示。

表10-2 滇池生态系统服务功能价值汇总表

金额单位:亿元

服务功能类型	服务指标名称	服务功能价值	价值占比	价值合计	价值占比
供给服务	水供给	12.31	2.86%	137.64	31.97%
	蓄水	125.33	29.11%		
调节服务	气候调节	185.55	43.10%	244.56	56.81%
	气体调节	13.97	3.25%		
	水净化	7.49	1.74%		
	调蓄洪水	37.55	8.72%		
文化服务	娱乐与生态旅游	48.17	11.19%	48.17	11.19%
支持服务	土壤形成与保持	0.13	0.03%	0.13	0.03%
	总计	430.50			

三、分析思路

(1) 了解生态系统、生态系统分类和生态系统服务等基本概念的基础上,厘清生态系统服务分类、生态系统价值特点以及生态系统经济价值评估方法、原则等内容,并了解滇池实际情况。

（2）结合(1)中关于生态系统服务功能的分类和评估体系开始分析滇池生态系统服务功能中可量化的指标。

（3）根据服务指标选择可行性较高的评估方法,重点在于各类参数的选取和确定等。

（4）最后计算出各种生态服务功能指标的价值,汇总得出滇池最终价值。并根据评估结果对于滇池的生态建设提出针对性的建议,以期提高滇池生态区服务功能价值。

四、理论依据

（1）市场价值法：主要针对生态系统能够提供的具有商品价值的产品,利用市场价格对其进行衡量评价。

（2）影子工程法：假设目标生态系统被破坏,修复该系统或人工建立一个新的系统需要花费的经济价值。

（3）替代成本法：假设建造人工的生态系统发挥该功能所花费的价值来衡量生态系统服务功能的价值。

（4）旅行费用法：利用旅行费用来测算环境质量变化前后所带来的收益。

（5）机会成本法：在无市场价格的情况下,资源使用的成本可以用所牺牲的替代用途的收入来估算。

五、关键要点

（1）关键要点：根据滇池的实际情况选择最为恰当的生态系统服务功能指标和可行性较高的评估方法进行价值估算。

（2）关键知识：评估指数与方法的选择与运用。

（3）能力点：通过案例学习,了解掌握对滇池生态系统服务功能价值进行量化的评估体系。

六、结语

该案例以滇池为例,通过构建生态系统服务功能价值评估体系对其服务功能价值进行评估,从而给读者提供了解湖泊价值评估过程的机会。

思考题

（1）湖泊生态系统服务的经济价值包括哪些？

（2）湖泊生态系统服务功能价值的评估指标如何选取？

（3）湖泊生态系统服务功能价值评估的方法选择应注意哪些方面？

案例十一　金融资产价值评估

一、案例背景

金融资产是指单位或个人所拥有的以价值形态存在的资产,是一种索取实物资产的无形的权利,是一切可以在有组织的金融市场上进行交易、具有现实价格和未来估价的金融工具的总称。企业中的金融资产主要有库存现金、银行存款、应收账款、应收票据、其他应收款、贷款、垫款、债券投资、股权投资、基金投资、衍生金融资产等。

我国用三十多年的时间建立起了庞大的金融体系,现阶段我国实行以中央银行为领导,国家专业银行为主体,多种金融机构并存和分工协作的金融体系。越来越多的企业通过持有股票、债券、基金等金融资产实现资产的保值增值;另外,金融资产是国民财富中影响较大、比较难以计量的一种重要资产,更是评估现代企业价值的重要组成部分。

金融资产的最大特征是能够在市场交易中为其所有者提供即期或远期的货币收入流量。金融业是一个高风险的行业,金融危机一旦爆发,将会给整体经济发展和社会稳定带来深重的负面影响。针对日益复杂化与专业化的金融资产,培养相应的具有复杂金融资产定价、金融资产评估与金融风险防范等专业职能的金融资产评估师成为当务之急。金融资产价值评估为资产的交易和投资提供公平的价值尺度,即正确反映资产价值及其变动,实现资产的优化配置。本案例在评价深圳市富航投资管理有限公司时,旨在为金融资产评估工作提供一定的资料支持。

二、资产评估资料

公司名称:深圳市富航投资管理有限公司

注册资本:人民币1 000万元

公司类型:有限责任公司

经营范围:投资管理、受托资产管理(不得从事信托、金融资产管理、证券资产管理及其他限制项目);投资顾问(不含限制项目)(以上各项涉及法律、行政法规、国务院决定禁止的项目除外,限制的项目须取得许可后方可经营)。

2016年3月1日,华泰期货有限公司(以下简称华泰期货)与深圳市富航投资管理有限公司(以下简称富航投资)签订《华泰期货——银华量化指数增强资产管理计划投资顾问协议》,约定由富航投资担任华泰资管计划投资顾问,向华泰期货提供投资顾问服务,并保证提供的投资策略、投资决策、投资指令、交易安排等依法合规。华泰期货按照双方约定的具体计算标准、支付时间和方式向富航投资支付投资顾问服务费。根据《富航投资神州1号私募基金合同》,富航1号基金的运营服务费率为年费率1%,业绩报酬提取比例为10%。

富航1号基金与华泰资管计划自2017年2月24日起开始相互成交,在2017年2月24日至2017年5月12日之间的53个交易日中,32个交易日有相互成交,累计相互成交123笔、共327手。相互成交均发生在沪深300股指期货和中证500股指期货远月合约上,其中沪深300股指期货有29笔、95手,中证500股指期货有94笔、232手。相互成交量占富航1号在上述期间总成交量的67.56%,占华泰资管计划在上述期间总成交量的21.14%。以委托成交时市场前一笔最新价作为市场价基准计算成交价格偏离市场基准价的盈亏,扣除手续费后,富航1号基金通过相互成交盈利733 700.00元,华泰资管计划亏损1 376 000.00元。

富航1号基金与华泰资管计划的相互成交均为富航1号基金先委托埋单,华泰资管计划再委托,并与富航1号基金的挂单成交。其中,双方通过相互开平方式的相互成交量为254手,占双方相互成交量的77.68%;相互成交开仓成交量为28手,占双方相互成交总量的8.56%;相互成交平仓成交量为45手,占双方相互成交总量的13.76%。

从委托时间来看,发生相互成交的平均委托时间间隔为83秒,有70.73%的委托时间间隔在1分钟以内。

从委托价格来看,富航1号基金与华泰资管计划的委托价格基本相同。在123笔相互成交交易中,有108笔的委托价格完全相同,即主动成交方委托价与被动成交方预埋委托价一致,占比87.8%。从委托价格盘口来看,被动成交方通常将委托预埋在合约最新盘口3~5档位置。在123笔相互交易中,挂在盘口3档、4档、5档的委托分别为21笔、33笔、27笔,合计占比65.85%。

根据有相关人员询问笔录、期货账户资料、交易流水、相关协议、交易所计算数据等证据证明,富航投资通过富航1号基金与华泰资管计划互相成交获利,富航1号基金共计多盈利733 700.00元,共多提取业绩报酬73 370.00元。

三、分析思路

（一）评估方法

结合本案例的资料背景，可采用收益法、市场法对金融资产价值进行研究。

1. 收益法

收益法是指预计估价对象未来的正常净收益，选择适当的报酬率或资本化率、收益乘数将其折现到估价时点后累加，以此估算估价对象的客观合理价格或价值，然后利用报酬率或资本化率、收益乘数将其转换为价值来求取估价对象价值的一种资产评估方法。

收益法的优点：①可以比较真实和准确地反映企业本金化的价格，与投资决策紧密结合，应用收益法评估的资产价格易为买卖双方所接受。②收益法从资产经营的根本目的出发，紧扣被评估资产的收益进行评估，真正体现了资产商品化在交易市场上的实际价值。③适用于具有连续性、高效益的资产，特别是整体资产评估，应用收益法较为方便，评估过程简单，评估结果准确。

收益法的缺点：①预期收益预测的难度较大，不仅受主观判断的影响，而且直接受到未来收益不可预见因素的影响。②评估方法一般只适用于企业整体资产和可预测未来收益的单项生产经营性资产的评估，局限性大。③折现率和资本化率比较难以确定，没有独立收益能力和连续性收益或收益达不到一定水平的资产，不能采用收益法。

2. 市场法

市场法是指通过比较被评估资产与最近售出类似资产的异同，并将类似的市场价格进行调整，从而确定被评估资产价值的一种资产评估方法。市场法是一种最简单、有效的方法，因为评估过程中的资料直接来源于市场，同时评估的对象为即将发生的资产行为。但是，市场法的应用与市场经济制度的建立和发展、资产的市场化程度密切相关。在我国，社会主义市场经济体制的建立和完善，为市场法提供了有效的应用空间，市场法日益成为一种重要的资产评估方法。

市场法的优点：①市场法是国际公认的资产评估三大基本方法之一，适用面广，凡是现行市场有交易的，包括整体资产、无形资产、一些流动资产及很多单项资产均可采用。②市场法充分考虑了现时市场变化因素，符合实际情况。③市场法直观、简单，又能比较准确地反映被评估资产的现在价值，评估结果容易被交易双方接受。

市场法的缺点：①运用市场法评估资产价值必须具备一个公平、活跃的交易市场，这使得该方法的运用受到一定的局限。②不适用于专用设备、机器、大部分无形资产以及受到地区、环境等因素严格限制的一些资产的评估。③确定比较项目的差异难度较大，在很多情况下难以用数学公式进行量化，往往要靠评估人员的经验判断，从而影响评估结果的准确性。

(二) 资产价值类型

资产评估中的资产价值类型是指资产评估结果的价值属性及其表现形式,是资产评估价值"质"的规定性,即价值内涵。资产价值类型具有以下特点:①价值类型是必需的。②资产评估过程在开始时就应确定资产价值类型,资产价值类型指导资产评估过程始终。③每一种资产价值类型必须被定义。资产价值类型主要包括以下几类:

(1) 市场价值,是指自愿买方和自愿卖方在各自理性行事且未受任何强迫的情况下,评估对象在评估基准日进行正常公平交易的价值估计数额。

(2) 投资价值,是指评估对象对于具有明确投资目标的特定投资者或者某一类投资者所具有的价值估计数额,也称特定投资者价值。

(3) 在用价值,又称持续经营价值,是指将评估对象作为企业组成部分或者要素资产并按其正在使用的方式和程度及其对所属企业的贡献的价值估计数额。

(4) 清算价值,是指在评估对象处于被迫出售、快速变现等非正常市场条件下的价值估计数额。

(5) 残余价值,是指机器设备、房屋建筑物或者其他有形资产等的拆零变现价值估计数额。

四、理论依据

(一) 金融资产评估的分类

金融资产是一切可以在有组织的金融市场上进行交易、具有现实价格和未来估价的金融工具的总称。金融资产评估的分类方式如下:

(1) 按照金融资产评估的客体划分,金融资产评估可以被划分为股票金融资产评估、债券金融资产评估、共同基金金融资产评估、衍生金融工具金融资产评估等。

(2) 按照金融资产评估的功能划分,金融资产评估可以被划分为评价性金融资产评估、评值性金融资产评估和公证性金融资产评估。评价性金融资产评估的功能是对各种金融资产组合的经济效果进行评价,反映不同条件下的金融资产价值和营运绩效的差异性,以此来检查、考核和评价金融资产管理者的经营状况。评值性金融资产评估的功能是对被评估金融资产的现时价格进行评定和估算,为金融交易提供基础依据。公证性金融资产评估的功能是为保证金融资产评估的结果的真实性、公平性和合法性,在法律上具有公证效力。

(二) 评估技术说明

采用收益法或者市场法评估企业价值,评估技术说明通常包括以下内容:

(1) 影响企业经营的宏观、区域经济因素。

(2) 所在行业现状与发展前景。

(3) 企业的业务情况。

(4) 企业的资产、财务分析和调整情况。

(5) 评估方法的运用过程。

(三) 金融资产评估的特点

1. 对投资资本的评估

投资者在金融市场上购买股票、债券并不一定以谋求对所投资企业的某种管理权、参与权、控制权为单纯目的。而在多数情况下，获得投资收益，股票、债券收益的大小，决定着投资者的购买行为。例如，债券投资者所关心的是利息的高低、债券的流动性及投资的安全性，而并非筹资者的资金用途；股票投资者关心的是按期收受的股利以及若干时间以后股票价格的上升情况。所以，投资者是把用于股票、债券的投资看作投资资本，使其发挥着资本的功能。从这个意义上讲，金融资产投资的评估实际上是对投资资本的评估。

2. 对被投资者的偿债能力和获利能力的评估

投资者购买股票、债券的根本目的是获取投资收益。能否获得相应的投资收益，取决于投资的数量和投资风险，而投资风险在很大程度上又取决于被投资者的获利能力和偿债能力。企业的获利能力和偿债能力与企业自身的管理、经营状况和财务状况紧密相关。因此，对于债券的评估，主要应考虑债券发行方的偿债能力；对于股票的评估，除了参照股市行情，还应主要考虑对被投资者的获利能力的评估。从这个意义上说，金融资产投资的评估是对被投资者的偿债能力和获利能力的评估。

五、关键要点

(1) 关键所在：理解此类资产的研究适用于何种评估方法及其方法的选取依据、原理、运用过程、关键步骤等。

(2) 关键知识：金融资产价值评估主流方法的选择与运用。

(3) 能力点：通过案例学习，对金融资产价值评估相关问题进行探索并形成独特见解。

六、结语

在企业价值评估过程中，金融资产是不可忽视的组成部分，越来越多的企业通过持有股票、债券、基金等金融资产实现资产的保值增值，而证券市场的高风险性、高波动性使得这部分资产的价值衡量具有一定的难度。目前评估金融资产价值的主流方法是成本法、市场法和收益法，但这三种方法在实际运用过程中各有其优势及缺陷，因此，根据具体的评估目的选择合适的评估方法就显得非常重要。每一种金融资产都具有价值，而价值评估是资产交易的一个核心问题，因此金融资产评估方法的选择尤为重要。当然随着时代的进步，在对评估基本方法进行研究的基础上，学者们也推出了许多更精确、更创新的评估方法。

思考题

（1）资产价值类型具体有哪些？

（2）案例公司的金融资产的价值评估属于什么资产价值类型？

（3）对于案例公司的金融资产来说，各类基本评估方法的优缺点分别是什么？

案例十二　股权收购与并购中的企业价值评估

一、案例背景

广东广州日报传媒股份有限公司(以下简称粤传媒)拟以现金及发行股份购买资产,北京中企华资产评估有限责任公司(以下简称中企华)接受粤传媒的委托,对该行为涉及的上海香榭丽广告传媒股份有限公司(以下简称香榭丽)股东全部权益进行评估,为粤传媒以现金及发行股份购买资产提供价值参考。

该评估案例中,香榭丽的企业基本信息如下:法定代表人叶玫,注册资本人民币1.56亿元,公司类型是股份有限公司(非上市),经营范围为设计、制作、发布、代理国内(外)各类广告、企业形象设计、包装设计、电子计算机及配件、日用百货、文化办公用品、体育用品、工艺品、建筑装潢材料、服装服饰的销售(涉及许可经营的凭许可证经营)。

二、资产评估资料

(一) 相关信息

1. 粤传媒收购香榭丽基本情况介绍

2013年10月28日、10月30日,粤传媒为收购香榭丽先后披露了一系列文件,其中包括《广东广州日报传媒股份有限公司现金及发行股份购买资产报告书》(以下简称《收购报告书》)。《收购报告书》指出香榭丽2011年、2012年和2013年上半年的净利润分别为3 647.28万元、3 695.35万元和1 114.51万元。

2014年5月24日,粤传媒在披露的相关文件中指出香榭丽2011—2013年净利润分别为3 647.28万元、3 695.35万元和4 685.43万元。

经查,香榭丽2011年、2012年、2013年上半年和2013年的实际净利润分别为－436.02万元、－6 599.33万元、－4 862.43万元和－11 526.42万元。粤传媒在上述文件中披露的香榭丽2011年年报、2012年年报、2013年半年报和2013年年报的净利润分别虚增4 083.30万元、10 294.68万元、5 976.94万元和16 211.85万元。

2. 中企华实施函证的情况

根据中企华工作底稿中询证函回函编号显示,中企华选取了香榭丽的31家销售客户对其收入及应收账款进行函证,但底稿中只保留了23份回函,缺失了8份回函。同时,底稿中未见中企华执行对发函和回函保持控制程序的记录,未见函证收发统计表和函证收发快递单等任何控制程序的记录。从销售客户数量角度统计,上述23份回函中21家公司与香榭丽之间涉及虚假合同,占比91.30%;从收入角度统计,上述23份回函中,涉及2011年、2012年和2013年1~6月的收入金额分别为97 274 593.24元、132 217 764.98元和57 255 075.19元,其中对应的虚假收入金额分别为35 846 706.39元、71 228 144.60元和36 542 008.93元,占比分别为36.85%、53.87%和63.82%,占2011年、2012年和2013年1~6月总收入的比例分别为20.56%、29.69%和31.38%。

3. 中企华数据收集过程

根据中企华工作底稿,中企华在进行收入预测计算时,使用的基础数据为香榭丽向其提供的电子版数据。中企华对于相关电子数据进行了直接引用或汇总使用,未见其对该数据执行核查程序。

中企华在评估时使用了中天运所〔2013〕审字第90301号审计报告作为参考依据。根据中企华评估说明及工作底稿,中企华采用收益法测算香榭丽评估值时,计算评估值的基础为经中天运所审计后的财务数据(2011年度、2012年度、2013年1~6月)。而中企华在执行评估业务期间,未见其对中天运所审计报告中披露的对审计报告结论产生重大影响的事项进行审慎核查,如营业收入、应收账款等关键财务指标。香榭丽公司股权变动表如表12-1所示。

表12-1 香榭丽公司股权变动表

股东名称	本次交易之前		本次交易完成后	
	持股数量(股)	持股比例	持股数量(股)	持股比例
有限售条件股份-国有法人股	473 978 864	68.49%	473 978 864	65.36%
广州传媒控股有限公司	341 840 776	49.40%	341 840 776	47.14%
广州大洋实业投资有限公司	132 129 820	19.09%	132 129 820	18.22%
无限售条件股份	218 023 776	31.51%	218 023 776	30.06%
本次发行股份	—	—	33 196 374	4.577 6%
叶玫	—	—	7 502 183	1.034 5%
乔旭东	—	—	2 060 440	0.284 1%
埃得伟信	—	—	2 884 615	0.397 8%
陈荣	—	—	1 787 734	0.246 5%

(续表)

股东名称	本次交易之前 持股数量（股）	持股比例	本次交易完成后 持股数量（股）	持股比例
赵钧	—	—	3 201 552	0.441 5%
陈平	—	—	810 989	0.111 8%
唐宇婷	—	—	666 099	0.091 9%
王伟东	—	—	596 168	0.082 2%
谢学军	—	—	355 714	0.049 1%
郑刚	—	—	151 195	0.020 8%
夏文洵	—	—	90 948	0.012 5%
孙健	—	—	90 948	0.012 5%
浙江亿诚	—	—	4 721 827	0.651 1%
天津道泓	—	—	3 740 275	0.515 8%
山南中科润	—	—	2 270 852	0.313 1%
众享石天	—	—	1 440 659	0.198 7%
杭州仁达	—	—	824 176	0.113 6%
股份总计	692 002 640	100.00%	725 199 014	100.00%

（二）收益法评估

本次评估拟采用收益法中的企业自由现金流模型，有关计算公式为：

$$股东全部权益价值 = 企业整体价值 - 有息债务$$
$$企业整体价值 = 经营性资产价值 + 溢余资产 + 非经营性资产价值$$

其中，经营性资产价值按以下公式确定：

$$企业自由现金流量折现值 = 明确的预测期期间的自由现金流量现值 + 明确的预测期之后的自由现金流量现值$$

上述公式中，"明确的预测期期间"是指从评估基准日至企业达到相对稳定经营状况的时间。

根据香榭丽的实际状况及企业经营规模，预计香榭丽在未来几年企业业绩会稳定增长，据此，本次预测期选择为2013年7～12月至2017年（全年），以后年度收益状况保持与2017年的水平不变。

本次评估采用企业自由现金流量，自由现金流量的计算公式如下：

$$自由现金流量 = 息税前利润 \times (1 - 所得税率) + 折旧及摊销 - 资本性支出 - 营运资金追加额$$

1. 无风险收益率的确定

根据 Wind 资讯查询评估基准日银行间固定利率国债收益率(10 年期)的平均收益率确定,本案例的无风险报酬率(R_f)取 3.512 5%。

2. 权益系统风险系数的确定

被评估单位的权益系统风险系数(β)的计算公式如下:

$$\beta_L = [1+(1-t) \times D/E] \times \beta_U$$

其中:β_L——有财务杠杆的权益的系统风险系数。

β_U——无财务杠杆的权益的系统风险系数。

t——被评估企业的所得税税率。

D/E——被评估企业所在行业的平均资本结构。

根据 Wind 资讯查询的沪深 A 股股票 100 周广告媒体行业类似上市公司的权益系统风险系数(β)计算确定,具体确定过程如下:

(1) 首先,根据广告媒体行业类似上市公司的 β 计算出各公司无财务杠杆的 β。

(2) 其次,得出广告媒体行业上市公司无财务杠杆的平均 β 为 1.018 3。

(3) 最后,根据上市公司的平均资本结构计算出香榭丽的 β 为 1.062 2。

3. 市场风险溢价的确定

市场风险溢价(R_m)是指对于一个充分风险分散的市场投资组合,投资者所要求的高于无风险利率的回报率。市场风险溢价的计算公式如下:

$$市场风险溢价(R_m) = 成熟股票市场的基本补偿额 + 国家风险补偿额$$

其中:成熟股票市场的基本补偿额取 1928—2012 年美国股票与国债的算术平均收益差 5.88%,国家风险补偿额取 1.05%。则:

$$R_m = 5.88\% + 1.05\% = 6.93\%$$

故本案例的市场风险溢价为 6.93%。

4. 企业特定风险调整系数的确定

企业特定风险调整系数(R_c)是根据待估企业与所选择的对比企业在企业特殊经营环境、企业规模、经营管理、抗风险能力、特殊因素所形成的优劣势等方面的差异进行的调整系数。

文化行业受到国家法律法规及政策的严格监管,政策的调整和变化将对企业业务带来一定的风险。总体来看,香榭丽行业内经营优势明显,核心人力资源稳定,盈利模式较好,企业规模与可比上市公司相当,抵抗行业风险能力较强,但依然面临市场竞争加剧、人才流失、应收账款难以回收等风险。综合考虑上述因素,本案例取企业特定风险调整系数(R_c)为3%。

5. 预测期折现率的确定

1）权益资本成本

将上述确定的参数代入权益资本成本(K_e)的计算公式,计算得出被评估单位的权益资本成本如下：

$$K_e = R_f + \beta \times R_m + R_c = 13.87\%$$

2）加权平均资本成本

香榭丽分别于2013年2月1日、2013年2月4日、2013年3月29日与招商银行签订借款合同,借款金额分别为2 120 625.00元、4 250 000.00元、3 500 000.00元,借款期限为1年；于2012年12月发行三年期的企业债券,金额为50 000 000.00元。本次K_d的确定综合考虑目前执行的借款合同利率为8.935 2%。加权平均资本成本(WACC)的计算结果如下：

$$WACC = K_e \times E/(D+E) + K_d \times D/(D+E) \times (1-T) = 13.48\%$$

6. 非经营性资产和负债的评估

非经营性资产和负债是指与被评估单位生产经营无关的,评估基准日后企业自由现金流量预测不涉及的资产与负债,主要非经营性资产有闲置的固定资产、预付工程款,非经营性负债有应付利息、应付股利。

7. 溢余资产的评估

溢余资产是指评估基准日超过企业生产经营所需,评估基准日后企业自由现金流量预测不涉及的资产。本案例的香榭丽公司无溢余资产。

8. 收益法评估结果

香榭丽公司预测期经营价值如表12-2所示。

表12-2 香榭丽公司预测期经营价值

金额单位:万元

项目	2013年7～12月	2014年度	2015年度	2016年度	2017年度	2018年度—永续
一、企业自由现金流量	－1 227.13	4 103.29	2 491.21	4 951.19	7 945.39	8 698.75
折现率年限(年)	0.25	1.00	2.00	3.00	4.00	5.00
二、折现率	13.48%	13.48%	13.48%	13.48%	13.48%	13.48%
折现系数	0.97	0.88	0.78	0.68	0.60	4.47

(续表)

项目	2013年7~12月	2014年度	2015年度	2016年度	2017年度	2018年度—永续
三、各年净现金流量折现值	−1 188.94	3 615.85	1 934.50	3 388.02	4 791.05	38 910.41
四、预测期经营价值	51 450.89					

企业整体价值＝经营性资产价值＋非经营性资产价值＋溢余资产价值
＝51 450.89−364.86＋0.00
＝51 086.02(万元)

截至评估基准日,香榭丽有息债务共5 987.06万元。

股东全部权益价值的计算根据以上评估工作,香榭丽的股东全部权益价值为:

股东全部权益价值＝企业整体价值−付息债务价值＝51 086.02−5 987.06＝45 098.96(万元)

(三)成本法评估

1. 成本法评估结果

香榭丽评估基准日总资产账面价值为41 394.50万元,评估价值为40 544.25万元,减值额为850.25万元,减值率为2.05%;总负债账面价值为15 077.73万元,评估价值为15 077.73万元,无增减变化;股东全部权益账面价值为26 316.76万元,评估价值为25 466.51万元,减值额为850.25万元,减值率为3.23%。成本法评估汇总情况如表12-3所示。

表12-3 成本法评估汇总情况

金额单位:万元

项目	账面价值 A	评估价值 B	增减值 C＝B−A	增值率 D＝C/A×100%
流动资产	32 144.85	32 144.85	—	—
非流动资产	9 249.65	8 399.40	−850.25	−9.19%
其中:固定资产	6 251.92	5 265.33	−986.58	−15.78%
无形资产	251.85	388.18	136.33	54.13%
开发支出	76.06	76.06	—	—
长期待摊费用	2 452.17	2 452.17	—	—
递延所得税资产	217.66	217.66	—	—
资产总计	41 394.50	40 544.25	−850.25	−2.05%

（续表）

项目	账面价值	评估价值	增减值	增值率
	A	B	C＝B－A	D＝C/A×100％
流动负债	10 214.12	10 214.12	—	—
非流动负债	4 863.61	4 863.61	—	—
负债合计	15 077.73	15 077.73	—	—
所有者权益	26 316.76	25 466.51	－850.25	－3.23％

2．评估减值原因分析

本次企业价值评估中，由表12-3可知，流动资产、流动负债、非流动负债均无增减值变化。

非流动资产中，固定资产账面价值为6 251.92万元，评估值为5 265.33万元，评估减值－986.58万元，减值率为15.78％。该减值的形成主要是因为根据《关于全国实施增值税转型改革若干问题的通知》（财税〔2008〕170号）及《关于固定资产进项税额抵扣问题的通知》（财税〔2009〕113号），在测算符合条件的设备重置全价时未考虑其增值税。

香榭丽的无形资产账面价值为251.85万元，评估值为388.18万元，评估增值136.33万元，增值率为54.13％，这主要是因为香榭丽无形资产摊销年限为3年，该政策较为谨慎，导致企业外购软件基准日市场价大于账面摊销余额。

（四）评估结论

香榭丽作为行业内领先的广告服务商，具有"轻资产"的特点，其固定资产投入相对较小，账面价值不高，而企业的主要价值除了固定资产、营运资金等有形资源，也考虑了企业所享受的各项优惠政策、业务网络、服务能力、人才团队、品牌优势等重要的无形资源。而成本法仅对各单项有形资产、无形资产进行了评估，不能完全体现各个单项资产组合对整个企业的贡献，也不能完全衡量各单项资产间的互相匹配和有机组合因素可能产生出来的整合效应。而企业整体收益能力是企业所有环境因素和内部条件共同作用的结果，鉴于本次评估目的，收益法评估的途径能够客观合理地反映香榭丽的价值。本次评估以收益法的结果作为最终评估结论。

根据以上评估工作，本次评估结论采用收益法评估结果，即：香榭丽的股东全部权益价值评估结果为45 098.96万元。

三、分析思路

企业的价值，是该企业所有的投资人所拥有的对于企业资产索取权价值的总和。

根据并购的目的以及评估结果的不同用途,企业价值的表现形式有企业的资产价值、企业的投资价值和企业的股东权益价值等,并购一般需要对企业的投资价值和权益价值估值。

本案例采用收益法和成本法对香榭丽整体资产和负债进行评估。本次评估是以评估基准日后若干年度对企业经营现金流量作为基础,采用适当的折现率折现后加总计算出营业性资产价值,然后再加上非经营性资产价值和溢余资产价值得出营业性资产价值,在此基础上进行调整最终得出股东全部权益价值。

四、理论依据

企业价值评估中的成本法,是指以被评估企业评估基准日的资产负债表为基础,合理评估企业表内及表外各项资产、负债价值,确定评估对象价值的评估方法。

企业价值评估中的收益法,是指将预期收益资本化或者折现,确定评估对象价值的评估方法。收益法常用的具体方法包括股利折现法和现金流量折现法。

企业价值评估中的市场法,是指将评估对象与可比上市公司或者可比交易案例进行比较,确定评估对象价值的评估方法。市场法常用的两种具体方法是上市公司比较法和交易案例比较法。

本案例中主要采用了收益法和成本法进行企业价值评估,比较分析后选择了收益法评估结果作为最终结果。

(一) 成本法

成本法评估范围内的流动资产主要包括:货币资金、应收账款、预付款项、其他应收款及存货。根据本案例评估对象的特征,这里主要介绍前三类流动资产的评估注意事项。

(1) 对于货币资金的评估,根据企业提供的各科目的明细表,对现金于清查日进行了盘点,根据评估基准日至盘点日的现金进出数倒推评估基准日现金数,以经核实后的账面价值确认评估值;对银行存款余额调节表进行试算平衡,核对无误后,以经核实后的账面价值确认评估值。

(2) 对于应收款项,主要包括应收账款和其他应收款。各种应收款项在核实无误的基础上,根据每笔款项可能收回的数额确定评估值。对于有充分理由相信全部能收回的,按全部应收款额计算评估值;对于很可能收不回部分款项的,在难以确定收不回账款的数额时,借助于历史资料和现场调查了解的情况,具体分析数额、欠款时间和原因、款项回收情况、欠款人资金、信用、经营管理现状等,按照账龄分析法,估计出这部分可能收不回的款项,作为风险损失扣除后计算评估值。本案例中账面上的"坏账准备"科目按零值计算。

（3）预付款项，根据所能收回的相应资产或权利的价值确定评估值。对于能够收回的相应资产或权利的，按核实后的账面值作为评估值。

（二）收益法

本案例采用收益法对香榭丽股东全部权益价值进行评估，即以未来若干年度内的企业自由现金流量作为依据，采用适当折现率折现后加总计算得出营业性资产价值，然后再加上溢余资产价值、非经营性资产价值，减去有息债务得出股东全部权益价值。

收益法评估模型选用企业自由现金流折现模型。

1. 计算公式

$$股东全部权益价值＝企业整体价值－有息债务$$
$$企业整体价值＝经营性资产价值＋溢余资产＋非经营性资产价值$$

其中，经营性资产价值按以下公式确定：

$$企业自由现金流量折现值＝明确的预测期期间的自由现金流量现值＋$$
$$明确的预测期之后的自由现金流量现值$$

上述公式中，"明确的预测期期间"是指从评估基准日至企业达到相对稳定经营状况的时间。

本次评估采用企业自由现金流量，自由现金流量的计算公式如下：

$$（预测期内每年）自由现金流量＝息税前利润×（1－所得税率）＋折旧及摊销－$$
$$资本性支出－营运资金追加额$$

2. 终值的确定

对于收益期按永续确定的，终值公式为：

$$P_n＝R_{n+1}×终值折现系数$$

其中：R_{n+1}按预测期末年现金流调整确定。

3. 年中折现的考虑

考虑到自由现金流量全年都在发生，而不是只在年终发生，因此自由现金流量折现时间均按年中折现考虑。

4. 折现率的确定

按照收益额与折现率口径一致的原则，本次评估收益额口径为企业自由现金流量，则折现率选取加权平均资本成本（WACC）。其计算公式为：

$$WACC＝K_e×E/(D+E)＋K_d×D/(D+E)×(1－T)$$

其中：K_e——权益资本成本。

K_d——债务资本成本。

T——所得税率。

$E/(D+E)$——股权占总资本比率。

$D/(D+E)$——债务占总资本比率。

K_e 的计算公式如下:

$$K_e = R_f + \beta \times R_m + R_c$$

其中:R_f——无风险报酬率。

β——企业风险系数。

R_m——市场风险溢价。

R_c——企业特定风险调整系数。

5. 溢余资产价值的确定

溢余资产是指与企业收益无直接关系的、超过企业经营所需的多余资产,主要包括溢余现金等。

截至评估基准日,被评估单位香榭丽无溢余资产。

(三) 资产评估影响因素

1. 公司所处于的行业

香榭丽所处的广告服务行业具有"轻资产"的特点,其固定资产投入相对较小,账面值不高,而企业的主要价值除了固定资产、营运资金等有形资源,还应包含企业所享受的各项优惠政策、业务网络、服务能力、人才团队等。

2. 拥有突出的广告策划和创意能力

香榭丽领先的广告策划和创意能力体现于:①用创意强化LED媒体的传播能力,创造出画面表现力和视觉冲击力比普通电视广告更为强烈和更为震撼的内容展示方式。②在充分理解客户行业定位以及品牌状况的基础上,恰当捕捉媒体传播内容和受众的需求结合点。③将广告传播过程聚焦于商品本身,在有限时间内,广告诉求充分围绕产品本身展开。④加强内容方面的创意能力,将针对产品特性的创意概念与特定节点、活动、事件结合,给目标受众留下深刻印象。⑤充分利用不同屏体的形状、点位差异,"因屏制宜",创造最佳的传播方式。

3. 优质全面的客户服务体系

香榭丽已经建立起一套由公司各部门协同配合,从上画审批、创意制作、媒体策划到市场调研、投播保障的全体系、多环节配合的服务体系。市场调研方面,香榭丽聘请国内知名的第三方机构对屏体周边的市场环境要素进行深入调研,详细分析屏体周边的人流量、广告覆盖群体、受众消费能力、广告到达率等指标,科学评判媒体资源的媒体价值。投播保障方面,随着客户对广告投放效果和精准程度要求的越来越高,香榭丽采取了全过程追踪、全过程监播和第三方监测相结合的投播保障体系。全过程追踪即由专门的客服经理全过程负责客户的广告投放过程,从下单到根据各屏幕规格对广告片的调整,到最后的实际播出落实由其全权负责追踪,确保严格按照要求准确播出;全过程监播即广告投放过程中对于广告播放状况进行全过程的监控,每周核对设备自动生成的播放清单来确保播放质量;第三方监测即邀请双方共同认可的第三方公司对于播出状况进行监测。

五、关键要点

(1) 关键所在:通过本案例学习,掌握运用收益法、成本法在并购过程中进行企业投资价值和权益价值估值。

(2) 关键知识:收益法、成本法、企业价值评估。

(3) 能力点:通过企业价值评估方法的案例介绍,学生能够注意在并购过程中企业投资价值和权益价值估值的问题及掌握解决办法。

六、结语

该案例以粤传媒收购香榭丽为例,通过运用收益法和成本法对香榭丽企业价值进行评估,希望有助于读者了解评估程序及掌握相关知识。

?思考题

(1) 本案例中运用收益法和成本法,该如何认识这两种方法下计算的评估结果,并思考企业估值时应考虑的因素有哪些?

(2) 溢余资产及非经营性资产的含义是什么?

(3) 如何区分经营性资产和非经营性资产?

案例十三　资产重组背景下的企业价值评估

一、案例背景

上海飞乐股份有限公司（以下简称上海飞乐）拟收购中安消技术有限公司（以下简称中安消），中安消据此虚增评估值发行股份，损害了上市公司及其股东合法权益。

二、资产评估资料

（一）相关信息

1. 案例相关单位概况

1）委托方

委托方一：上海飞乐股份有限公司

中华人民共和国组织机构代码：13220134-9

企业国有资产产权登记证注册号：155023300[①]

企业法人营业执照注册号：310000000008012

注册住所：上海市浦东新区新金桥路 1888 号 11 号楼

法定代表人：黄峰

注册资本：人民币 755 043 154 元

公司类型：股份有限公司（上市）

经营范围：投资高新技术企业，实业投资，有线、无线通信设备和信息网络，电子元器件，成套音响系统，电子材料及专用设备的制造，仪器仪表及工程安装，工程服务，经营本公司自产以及外经贸部批准的产品及相关技术的进出口业务，生产自需的原辅材料、设备等和相关技术的进口，承办"三来一补"（以上涉及许可经营的凭许可证经营）。

经营期限：1991 年 12 月 31 日至不约定期限

委托方二：中安消技术有限公司

中华人民共和国组织机构代码：10301349-6

---

① 本案例涉及时间为 2011—2013 年，尚未进行多证合一。

企业法人营业执照注册号:110108002789650

注册住所:北京市海淀区科学院南路 2 号融科资讯中心 C 座北楼 17 层 12-13

法定代表人:周侠

注册资本:人民币 6 005 万元

公司类型:有限责任公司(法人独资)

经营范围:许可经营项目:无。一般经营项目:技术开发、技术转让、技术咨询、技术服务;计算机系统服务;数据处理;基础软件服务、应用软件服务;企业管理;物业管理;施工总承包;销售机械设备、五金、交电、电子产品(未取得行政许可的项目除外)。

经营期限:2001 年 7 月 2 日至 2021 年 7 月 1 日

2)其他评估报告使用者

其他评估报告使用者包括被评估单位股东、相关证券公司、国有资产监督管理机构、证券监督管理机构以及国家法律、法规明确的为实现与本次评估目的相关经济行为而需要使用本评估报告的相关当事方。

2. 被评估单位具体情况介绍

1)被评估单位基本情况

委托方和被评估单位之间的关系:委托方一与被评估单位为交易关系,委托方二与被评估单位为同一单位。

2)被评估单位股权结构及历史沿革

(1)设立。

中安消前身为北京冠林盈科智能系统集成有限公司,成立于 2001 年 7 月 2 日,设立时注册资本 205.00 万元,股权结构为:方力 92.25 万元、刘菁 92.25 万元、李艳臻 20.50 万元。成立时,中安消公司股权结构如表 13-1 所示。

表 13-1 中安消公司股权结构

序号	股东名称	出资额(万元)	出资比例
1	方力	92.25	45.00%
2	刘菁	92.25	45.00%
3	李艳臻	20.50	10.00%
	合计	205.00	100.00%

(2)第一次增资。

2002 年 1 月 24 日,经股东会同意,中安消将注册资本由 205.00 万元人民币增加到 505.00 万元人民币,其中增资来源由股东方力再投入货币 150.00 万元,股东刘菁再投入货币 150.00 万元。本次增资完成后,中安消公司第一次增资后股权结构如表 13-2 所示。

表13-2　中安消公司第一次增资后股权结构

序号	股东名称	出资额（万元）	出资比例
1	方力	242.25	47.97%
2	刘菁	242.25	47.97%
3	李艳臻	20.50	4.06%
	合计	505.00	100.00%

（3）第一次股权转让。

2005年4月1日，经股东会同意，股东方力将其持有的公司2.375万元货币出资转让给李艳臻，刘菁将供其持有的公司2.375万元出资转让给李艳臻。转让各方均签订了《出资转让协议书》。本次变更完成后，中安消公司第一次股权转让后股权结构如表13-3所示。

表13-3　中安消公司第一次股权转让后股权结构

序号	股东名称	出资额（万元）	出资比例
1	方力	239.88	47.50%
2	刘菁	239.88	47.50%
3	李艳臻	25.25	5.00%
	合计	505.00	100.00%

（4）第二次增资。

2007年2月14日，经股东会同意，将中安消注册资本由505.00万元人民币增加到1 005.00万元人民币，其中由股东方力再投入货币250.00万元，股东刘菁再投入货币250.00万元。第二次增资完成后，中安消公司股权结构如表13-4所示。

表13-4　中安消公司第二次增资后股权结构

序号	股东名称	出资额（万元）	出资比例
1	方力	489.88	48.74%
2	刘菁	489.88	48.74%
3	李艳臻	25.25	2.52%
	合计	1 005.00	100.00%

（5）2007年9月至2011年11月的股权转让、股权代持和解除情况。

这一时段企业发生股权转让、股权代持和解除事项较为频繁，因此分类集中阐述。

① 股权转让情况。

2007年9月28日，经股东会同意，股东方力将其持有的公司489.88万元货币出资转让给蒋建国,刘菁将其持有的公司489.88万元出资转让给周国平,李艳臻将其持有的公司25.25万元货币出资转让给周国平。转让各方均签订了《出资转让协议书》。股权转让后,周国平持有中安消(前身为北京冠林盈科智能系统集成有限公司)51.26%的出资额,蒋建国持有中安消48.74%的出资额。本次变更完成后,中安消公司第二次股权转让后股权结构如表13-5所示。

表13-5　中安消公司第二次股权转让后股权结构

序号	股东名称	出资额(万元)	出资比例
1	周国平	515.13	51.26%
2	蒋建国	489.88	48.74%
合计		1 005.00	100.00%

2008年3月7日,经股东会同意,股东周国平将其持有的公司515.13万元货币出资转让给李继平,蒋建国将其持有的公司489.88万元出资转让给李懿,转让各方均签订了《出资转让协议书》。本次变更完成后,中安消公司第三次股权转让后股权结构如表13-6所示。

表13-6　中安消公司第三次股权转让后股权结构

序号	股东名称	出资额(万元)	出资比例
1	李继平	515.13	51.26%
2	李懿	489.88	48.74%
合计		1 005.00	100.00%

2011年3月7日,经股东会同意,股东李懿将其持有的公司489.88万元货币出资转让给王蕾,转让双方均签订了《出资转让协议书》。本次变更完成后,中安消公司第四次股权转让后股权结构如表13-7所示。

表13-7　中安消公司第四次股权转让后股权结构

序号	股东名称	出资额(万元)	出资比例
1	李继平	515.13	51.26%
2	王蕾	489.88	48.74%
合计		1 005.00	100.00%

2011年11月25日,经股东会同意,股东李继平将其持有的公司515.13万元货币出资转让给深圳市中恒汇志投资有限公司,王蕾将其持有的公司489.88万元货币出资转让给深圳市中恒汇志投资有限公司,转让各方均签订了《出资转让协议书》。本次变

更完成后,中安消公司第五次股权转让后股权结构如表13-8所示。

表13-8 中安消公司第五次股权转让后股权结构

序号	股东名称	出资额(万元)	出资比例
1	深圳市中恒汇志投资有限公司	1 005.00	100.00%
	合计	1 005.00	100.00%

② 中安消的股权代持和解除情况。

2007年9月至2011年11月,根据中安消提供的《委托持股协议》《出资转让协议书》、相关证明文件、《声明书》等资料,中安消的股东持有的股权实际系代涂国身持有,具体情况如下:

第一,涂国身委托周国平、蒋建国持股及解除。

2007年9月18日,涂国身与周国平、蒋建国分别签订《委托持股协议》,约定涂国身委托周国平、蒋建国分别代其持有51.26%、48.74%的股权。

2008年2月28日,涂国身与周国平、蒋建国分别签订《终止委托持股通知书》,决定自2008年3月6日终止《委托持股协议》。

2008年3月7日,中安消召开股东会并作出决议,同意周国平将代持51.26%的股权转让给李继平,蒋建国将代持48.74%的股权转让给李懿,此次转让完成之后,此股权相应转由委托李继平和李懿持有。

第二,涂国身委托李继平、李懿持股及解除。

2008年3月7日,涂国身与李继平、李懿分别签订《委托持股协议》,约定涂国身委托李继平和李懿分别代其持有51.26%、48.74%的股权。

2011年2月28日,涂国身与李懿签订《终止委托持股通知书》,决定自2011年3月6日终止《委托持股协议》。

2011年3月7日,涂国身与王蕾签订《委托持股协议》,约定涂国身委托王蕾代其持有48.74%的股权。

2011年3月7日,中安消召开股东会并作出决议,同意李懿将代持48.74%股权转让给王蕾,此次转让完成之后,此股权相应转由委托李继平和王蕾持有。

第三,涂国身委托李继平、王蕾持股及解除。

2011年11月16日,涂国身与李继平、王蕾分别签订《终止委托持股通知书》,决定自2011年11月24日终止《委托持股协议》。

2011年11月25日,中安消召开股东会并作出决议,同意李继平和王蕾分别将持有51.26%、48.74%的股权转让给深圳市中恒汇志投资有限公司,此次转让完成之后,此股权全部转由深圳市中恒汇志投资有限公司持有。

(6) 第三次增资。

2012年9月3日,经股东会同意,将注册资本由1 005.00万元人民币增加到6 005.00万元人民币,由股东深圳市中恒汇志投资有限公司增加实缴货币5 000.00万元。本次增资完成后,中安消公司第三次增资后股权结构如表13-9所示。

表13-9 中安消公司第三次增资后股权结构

序号	股东名称	出资额(万元)	出资比例
1	深圳市中恒汇志投资有限公司	6 005.00	100.00%
	合计	6 005.00	100.00%

(7) 变更企业名称。

2012年10月26日,经股东决定同意,将公司名称由"北京冠林盈科智能系统集成有限公司"变更为"中安消技术有限公司"。2012年12月14日,中安消在北京市工商行政管理局领取了《企业法人营业执照》。截至评估基准日,中安消公司股权结构如表13-10所示。

表13-10 中安消公司评估基准日股权结构

序号	股东名称	出资额(万元)	出资比例
1	深圳市中恒汇志投资有限公司	6 005.00	100.00%
	合计	6 005.00	100.00%

3) 被评估单位历史财务资料

被评估单位2011—2013年及评估基准日中安消公司资产负债情况(母公司口径)如表13-11所示。

表13-11 中安消公司资产负债情况(母公司口径)

单位:元

项目	2013年12月31日	2012年12月31日	2011年12月31日
货币资金	307 902 186.07	23 987 760.41	7 172 996.55
应收账款	173 550 257.33	100 937 538.63	73 654 245.99
预付款项	703 055.40	1 173 312.60	1 634 910.80
其他应收款	154 303 819.65	144 336 783.43	42 856 277.61
存货	10 530 224.14	10 812 454.45	6 358 808.16
流动资产合计	646 989 542.59	281 247 849.52	131 677 239.11
长期应收款净额	71 550 000.00	—	—

（续表）

项目	2013年12月31日	2012年12月31日	2011年12月31日
长期股权投资	45 008 108.00	113 008 108.00	63 000 000.00
固定资产	529 447.07	674 823.02	870 805.97
无形资产	33 851.04	55 993.01	95 116.25
递延所得税资产	1 316 727.07	617 513.28	335 289.14
非流动资产合计	118 438 133.18	114 356 437.31	64 301 211.36
资产总计	765 427 675.77	395 604 286.83	195 978 450.47
短期借款	115 000 000.00	35 000 000.00	20 000 000.00
应付票据	5 658 351.81	12 977 924.70	2 416 982.49
应付账款	91 914 327.19	84 339 045.87	33 620 267.50
预收款项	2 403 664.24	1 340 113.00	433 989.00
应付职工薪酬	4 851 042.33	1 815 100.00	3 449 949.94
应交税费	16 185 006.57	5 573 952.03	4 227 479.09
应付利息	200 500.00	284 622.19	47 819.91
其他应付款	360 760 559.74	141 415 012.94	76 394 146.01
流动负债合计	596 973 451.88	282 745 770.73	140 590 633.94
负债合计	596 973 451.88	282 745 770.73	140 590 633.94
所有者权益合计	168 454 223.89	112 858 516.10	55 387 816.53

被评估单位2011—2013年及评估基准日当期经营状况（母公司口径）如表13-12所示。

表13-12 中安消公司经营状况（母公司口径）

单位：元

项目	2013年度	2012年度	2011年度
营业收入	284 313 467.01	109 186 216.46	105 437 335.47
营业成本	164 757 902.55	66 633 358.42	63 863 724.84
税金及附加	10 522 455.97	3 620 820.60	3 527 269.25
销售费用	7 290 754.38	6 770 182.23	2 840 012.36
管理费用	27 102 381.45	17 588 757.97	13 556 170.53
财务费用	4 590 966.61	2 027 864.95	968 189.17
资产减值损失	4 661 425.31	1 881 494.27	236 041.00
营业利润	65 387 580.74	10 663 738.02	20 445 928.32

(续表)

项目	2013年度	2012年度	2011年度
加:营业外收入	56 614.25	10 000.00	54 497.55
减:营业外支出	672.70	26 294.58	—
利润总额	65 443 522.29	10 647 443.44	20 500 425.87
减:所得税费用	9 847 814.50	3 176 743.87	3 924 649.24
净利润	55 595 707.79	7 470 699.57	16 575 776.63

被评估单位2011—2013年及评估基准日中安消公司资产负债状况(合并报表口径)如表13-13所示。

表13-13 中安消公司资产负债状况(合并报表口径)

单位:元

项目	2013年12月31日	2012年12月31日	2011年12月31日
货币资金	338 505 644.74	47 925 500.76	49 702 648.05
应收票据	4 550 000.00	471 176.23	1 328 652.62
应收账款	433 210 147.72	252 712 150.30	142 902 627.05
预付款项	6 369 411.33	8 680 802.07	6 889 418.85
其他应收款	29 592 104.49	333 317 132.16	306 874 689.90
存货	39 154 175.26	46 643 331.47	48 666 758.47
其他流动资产	629 757.70	924 645.03	728 029.73
流动资产合计	852 011 241.24	690 674 738.02	557 092 824.67
长期应收款	91 742 400.00		
长期股权投资		68 000 000.00	18 000 000.00
固定资产	15 987 199.82	14 695 520.07	15 550 227.08
在建工程	231 848.87	299 850.25	287 543.19
无形资产	3 040 965.65	4 082 819.75	5 000 335.10
长期待摊费用	802 833.37	967 523.12	207 634.40
递延所得税资产	4 886 436.02	3 281 705.71	2 235 003.21
非流动资产合计	116 691 683.73	91 327 418.90	41 280 742.98
资产总计	968 702 924.97	782 002 156.92	598 373 567.65
短期借款	158 400 000.00	42 000 000.00	30 000 000.00
应付票据	6 551 928.81	12 977 924.70	2 416 982.49
应付账款	235 724 560.68	173 729 779.85	89 372 304.17

(续表)

项目	2013年12月31日	2012年12月31日	2011年12月31日
预收款项	5 956 166.50	10 658 668.51	11 489 185.30
应付职工薪酬	14 544 810.24	6 925 321.49	8 141 564.91
应交税费	31 957 818.25	21 730 140.50	10 883 188.26
应付利息	200 500.00	284 622.19	47 819.91
其他应付款	177 841 355.80	320 948 993.37	228 063 566.44
一年内到期的非流动负债	—	—	1 000 000.00
流动负债合计	631 177 140.28	589 255 450.61	381 414 611.48
负债合计	631 177 140.28	589 255 450.61	381 414 611.48
所有者权益合计	337 525 784.69	192 746 706.31	216 958 956.17

被评估单位2011—2013年及评估基准日当期经营状况(合并报表口径)如表13-14所示。

表13-14 中安消公司经营状况(合并报表口径)

单位:元

项目	2013年度	2012年度	2011年度
营业总收入	812 090 794.73	533 266 249.54	379 412 260.50
主营业务收入	804 600 806.76	524 523 367.54	378 565 440.50
其他业务收入	7 489 987.97	8 742 882.00	846 820.00
营业总成本	652 904 402.23	456 198 606.86	343 386 501.65
主营业务成本	508 886 556.22	336 401 679.59	270 739 293.46
其他业务成本	59 647.96	144 262.00	75 659.62
税金及附加	21 565 054.94	11 960 911.52	5 216 171.25
销售费用	28 859 361.23	24 559 311.57	13 698 876.79
管理费用	77 150 377.00	68 297 169.09	45 657 581.46
财务费用	5 944 948.13	8 065 464.85	5 450 056.36
资产减值损失	10 438 456.75	6 769 808.24	2 548 862.71
营业利润	159 186 392.50	77 067 642.68	36 025 758.85
加:营业外收入	4 292 776.16	2 867 854.97	14 507 174.27
减:营业外支出	164 144.07	136 903.56	106 940.25
利润总额	163 315 024.59	79 798 594.09	50 425 992.87
减:所得税费用	23 584 903.70	15 008 867.68	6 365 008.55
净利润	139 730 120.89	64 789 726.41	44 060 984.32

表13-11至表13-14的财务数据摘自被评估单位经审计的会计报表,其中2011年、2012年、2013年审计单位为瑞华会计师事务所(特殊普通合伙),审计报告文号为"瑞华专审字[2014]第48340002号"。

被评估单位执行企业会计准则,从事服务业务的收入,自2012年9月1日起改为征收增值税,适用税率为6%;从事销售业务的收入征收增值税,税率为17%[①];城市维护建设税税率按实际缴纳的流转税的7%计缴,教育费附加征收率按实际缴纳的流转税的3%计缴。

中安消系高新技术企业,根据《国家税务总局关于实施高新技术企业所得税优惠有关问题的通知》(国税函[2009]203号)文件,高新技术企业可按15%的税率进行所得税预缴申报或享受过渡性税收优惠,中安消于2011年10月11日取得了编号为GF201111001593号的"高新技术企业证书",证书有效期为三年,截至评估基准日,中安消执行的所得税税率为15%。

4)被评估单位经营管理状况概述

中安消是一家专业系统集成企业,其业务涵盖安防的设计、研发、制造、集成、服务以及咨询培训等全产业链。中安消先后被评为国家高新技术企业、国家发改委节能服务企业、中国建筑业协会智能建筑分会理事单位、中国节能协会会员单位、中国安全防范产品行业协会副理事长单位、北京安全防范行业协会副理事长单位。

中安消在云南、山东、江苏、湖南等地相继开工运行的平安城市项目总额近30亿元,凭借统一的集成平台、兼容性好的全系列软硬件设备、个性化的运营服务解决方案、优质的工程施工、完善的维保服务以及强大的资金实力获得用户及广大合作伙伴的一致好评。中安消致力成长为国际知名、国内最大、最具投资价值的大型安防运营服务企业。

截至评估基准日,中安消拥有的处于经营状态的分公司主要为安徽分公司、南通分公司、上海分公司、武汉分公司、深圳分公司、西安分公司及郑州分公司,各分公司涵盖的经营范围主要包括安防工程领域内的技术开发、技术转让、技术咨询、技术服务;楼宇自动化系统集成;空调安装(限上门);销售安防设备,音响,电子设备,通信器材,计算机软硬件,五金交电,日用百货,汽车配件;基础软件服务,应用软件服务;通信建设工程施工等。

截至评估基准日,资产评估机构主要从行业竞争对手情况、中安消核心竞争优势、中安消与主要竞争对手相比具有的竞争优势等方面分析被评估单位的营业能力。

(1)安防行业主要竞争对手情况。

---

① 本案例涉及时间段为2011—2013年,截至本书出版时间的销售商品业务增值税税率为13%。

其一，安防行业的竞争格局激烈。

国内视频监控产品生产企业数量众多，主要有海康威视、大华股份、大立、北京国通创安、天津天地伟业、亚安、深圳艾立克、创维、美电贝尔、景阳、珠海石头电子、威创股份、敏通、TCL、H3C 等 300 余家企业；主要的国外品牌有松下、索尼、泰科、三星、LG、博世、霍尼韦尔等。视频监控产品生产企业众多，竞争激烈。

全国大约有 480 家出入口控制设备生产企业，大部分集中在北京、广东、上海，主要生产企业有科松电子、门吉利、捷顺科技、富士智能、车安、华铭、红门、北京埃克赛斯等。销售排行前 10 位的出入口控制设备生产企业市场占有率之和约为 20%，国外企业有德国的卡博、速宾和美国的霍尼韦尔（西屋）、HID 公司等，但这些企业产品的价格不具竞争力，因此所占市场份额较小。国内企业在系统管理软件的开发方面有一定优势，但门禁控制器的核心技术及芯片仍以国外为主。

目前全国有防盗报警厂商约 450 家，主要生产厂家有深圳豪恩、美安、艾立安、洛阳康联、广东华昌伟业、泉州宏泰等，销售排行前 10 的这类厂商的市场占有率之和约为 32%。国外品牌在防盗报警市场上占据优势，霍尼韦尔（安定保、C&K）、日本艾礼富等在国内有很强的市场竞争力。

国内楼宇对讲企业约有 360 家，主要集中在深圳、珠三角、福建等几个地区，深圳约占 35% 的份额（不含视得安罗格朗），主要厂商有：慧锐通、海湾集团、金积嘉、美格数码、松本先天下、正星特、克耐克、兴天下、博安等；珠三角约占 25% 的份额，厂商主要集中在珠海、广州、中山、佛山、惠州等地，主要厂商有：广州安居宝、佳和、珠海进祯、太川、众经、柔乐、安普、佛山星光楼宇、家乐福、中山泛达、中山奥敏、惠州宝丰 ATI 等；福建约占 20% 的份额，主要厂商有：厦门振威、立林、福建冠林、泉州佳乐、福州松佳等；上海约占 5% 的份额，主要厂商有：敏达、嘉希兴、伦辉等；其他地区约占 15% 的份额。

国外的品牌主要是西班牙的弗曼克斯。我国安防业内为数不多的有独立自主知识产权的这类产品，有很强的国际竞争力。

安防集成工程商虽然数量众多，但除中安消外在全国范围内具有竞争实力的企业基本没有，规模较大的企业也只是在区域市场上具有一定的竞争优势，因而这些企业与中安消的系统集成业务不构成直接竞争。但在个别区域市场上，如广州、深圳、上海等地，当地较大的集成工程商对本司集成业务下属的二级公司有一定的竞争。

其二，中安消的主要竞争对手情况。

中安消的主要业务为系统集成业务，其主要的竞争对手包括从事系统集成业务的产品制造商及专门从事安防系统集成工程的企业。从事系统集成业务的产品制造商主类竞争对手主要有大华股份和海康威视，专门从事安防系统集成工程的竞争对手主要有天津中环、中发机电、天地伟业、四联公司等。

大华股份和海康威视规模较大,主要业务为视频前后端产品的研发、生产和制造。资产评估范围期间这2家企业逐渐开始提供系统集成服务。

专门从事安防系统集成工程的竞争对手具有较强的地域性,规模较小,但在目标市场具有较大的影响力,如天津中环在天津及周边地区知名度较高。

(2)中安消的核心竞争优势。

其一,以系统集成及运营服务为重点。

中安消将系统集成及运营服务作为其重点发展方向。中安消是我国较早从事安防系统集成、运营服务和产品研发与制造的综合运营商。经过多年的积累,中安消在平安城市、数字城市建设及政府、公安、部队、交通、商业、酒店、机场、会展和金融等领域拥有固定的客户群,并能深入地了解其客户的业务特点与工作需求。凭借丰富的安防系统集成和运营服务经验,以及国际化的运营服务管理经验,中安消能够根据特定行业客户的业务需求特点进行"定制化"设计,在安防系统集成和运营服务方面能提供包括视频智能采集和分析、信息化系统集成、运维服务等"量身定制"的整体解决方案。

其二,技术与创新优势是关键。

中安消自设立以来一直将提高技术研发能力作为提升公司核心竞争力的关键。中安消具有完整的研发组织机构、管理体系、研发基础设施和专业配套齐全的研发人才,技术研发创新能力强,除了通过自主研发获得核心技术,也注重与业务领域内的院士开展深入的合作,进行前瞻性技术的研究、承接和产业转化,并拥有核心技术知识产权。

中安消取得了领先行业的技术成果。截至2013年12月31日,中安消已取得93项专利(包括10项发明专利、42项实用新型专利和41项外观设计专利),并已获得74项软件著作权登记,申请注册的商标10项,已经提交申请正在审核的发明专利有30余项。中安消每年提交发明专利申请的数量呈不断增长的趋势。

为了提升产品功能和质量,中安消还在研发过程中实现了一系列的技术创新,为平安城市建设及政府、公安、部队、银行、商业、酒店、机场、交通、会展等领域和个人用户提供满足其需求的集安防产品、技术、软件、集成工程、运营服务于一体的综合运营服务解决方案。中安消的技术创新能力一直处于国内同行的领先水平,中安消通过不断的技术创新,使得产品综合性能不断提高,在市场中保持足够的竞争力。

其三,品牌地位不断提升。

凭借优良的产品质量和客户服务口碑,中安消的服务和产品的销售额和市场地位不断提升。中安消注重开展品牌建设工作,持续为客户提供高质量的产品和优质的服务,赢得了众多的荣誉与客户好评,在市场中树立了良好的品牌形象。中安消曾先后荣获中关村TOP100"成长榜"企业称号、中关村瞪羚企业、国庆60周年首都政务网络保障优秀单位,并多次荣获北京安全防范行业协会3A诚信优秀企业、"平安城市"建设优秀安防工程企业、北京市建设行业诚信企业、全国 AAA 级重合同守信用单位、AAA 级诚信企业、北京市"四个一批"工程企业等荣誉称号。

其四，资质和资源优势。

中安消是行业内为数不多的拥有较为完备资质和认证的企业之一，拥有建筑智能化设计与施工一体化壹级资质、计算机信息系统集成贰级资质、涉及国家秘密的计算机信息系统集成资质、安全技术防范工程设计施工一级资质，并先后通过了 ISO9001 质量管理体系认证、ISO14001 环境管理体系认证及 GB/T 28001 职业健康管理体系认证。

中安消的产品已经广泛应用于公安、军政、科教、金融、地产等领域，并积累了大量的优质客户资源，并与优质客户建立了良好的合作关系，为其带来了稳定的市场销售空间。此外，中安消还通过与客户之间的长期合作和服务交流，对下游各领域的业务流程和技术特点有了深入理解，积累了大量的行业经验，为其发展新客户、拓展新市场提供了有利条件。

其五，跨区域性明显。

目前，国内的安防市场具有较明显的区域性，有关企业主要集中在珠三角、长三角及环渤海这三大经济发达地区。大多数国内的安防企业通常仅在单个区域市场具有较高的认知度，只有少数企业在多个区域市场大规模开展业务。中安消在珠三角、长三角及环渤海地区均设有子公司，跨区域开展业务优势明显。随着西部大开发，西部地区的安防需求也逐渐旺盛。中安消在西安设有子公司西安旭龙，负责在西部市场开展业务。

其六，技术与人才的模式持续推进。

中安消通过中安消研究院及院士团队，打造了独创的技术生态链模式，通过广泛与行业领域内的院士进行深入合作，依托院士团队的强大研发力量，致力于开展 3～5 年的前瞻性技术研发。通过资金投入、机构设置、人员入驻、100% 合作技术产权的转移孵化，形成了前瞻性技术研究、专业人才培养、技术产业化转化、产品设计开发的技术生态链环路，保障了中安消技术的持续领先性，大大提高了中安消产品及系统解决方案的核心价值及市场竞争力。

中安消注重对人才的培养和激励，实施了《人才职业发展的双通道政策》，发布了《人才激励制度》。中安消研究院现已凝聚了一批业务能力强、专业素质高、务实、高效、梯队合理的人才，作为技术研发的中坚力量，与院士团队的优势互补，发挥了巨大的人才优势，保障了高昂、持续的研发动力。

（3）中安消与主要竞争对手相比具有的竞争优势。

其一，与海康威视、大华股份等安防产品制造商相比，中安消具有的竞争优势如下。

a. 设计施工经验丰富。

中安消的主营业务为系统集成工程，在系统集成的设计及施工方面具有多年的经验。经过多年的积累，中安消在平安城市、数字城市建设及政府、公安、部队、交通、商业、酒店、机场、会展和金融等领域拥有固定的客户群，并能深入地了解其客户的业务特点与工作需求。

凭借丰富的安防系统集成经验，中安消能够根据特定行业客户的业务需求特点进行"定制化"设计，在安防系统集成和运营服务方面能提供多种"量身定制"的整体解决方案。

b. 与供应商建立了长期的合作。

中安消较早在国内从事安防系统集成业务，与各大供应商建立了长期的合作关系，可确保工程施工中所需要设备供应的稳定性。

在安防系统集成项目中，海康威视、大华股份主要生产的摄像视频设备和监控设备通常占安防集成项目成本的10%～20%，此外，安防系统集成项目还涉及布线、存储、服务器、交换机、软件平台、网络系统、楼宇控制等方面的设备。中安消与这些设备的供应商均建立了长期稳定的合作关系。在成本方面，相比于海康威视、大华股份等新涉足系统集成项目的企业，中安消更具有优势。

c. 在选择设备时具有较高的自由度。

中安消自行生产的产品较少，在安防系统集成项目中使用的设备主要通过对外采购。中安消可根据客户的实际需求，依托其系统集成方案的设计能力，选取最适合的设备进行工程施工。而其他设备制造商主要依托于其自身产品的优势，在产品选择方面优先考虑自行生产的设备，虽然成本较外购设备低，但其系统集成方案的灵活性将受到一定的限制，不一定能满足客户的个性化需求。

d. 技术研发及技术储备丰富。

中安消经营系统集成业务多年，在系统集成涉及的技术方面具有一定的研发优势。截至2013年12月31日，中安消已取得93项专利，并已获得74项软件著作权登记，申请注册的商标10项，已经提交申请正在审核的发明专利有30余项。

在技术储备方面，中安消正在针对动态视频捕捉、大数据分析、大数据云存储等方面进行研发。在今后的竞争中，中安消仍将保持一定的技术优势。

其二，与其他专业系统集成商相比具有的竞争优势。

与其他专业系统集成商相比，中安消具有以下优势。

a. 跨区域优势。

目前，国内的安防市场具有较明显的区域性，专业系统集成商通常仅在单个区域市场具有较高的认知度，无法多个区域市场大规模开展业务。中安消在珠三角、长三角及环渤海地区均设有子公司，跨区域开展业务优势明显。

b. 资质和资源优势。

中安消是行业内为数不多的拥有较为完备资质和认证的企业之一，拥有建筑智能化设计与施工一体化壹级资质、计算机信息系统集成贰级资质、涉及国家秘密的计算机信息系统集成资质、安全技术防范工程设计施工一级资质,并先后通过了 ISO9001 质量管理体系认证、ISO14001 环境管理体系认证及 GB/T28001 职业健康管理体系认证。

中安消的产品已经广泛应用于公安、军政、科教、金融、地产等领域,并积累了大量的优质客户资源,并与优质客户建立了良好的合作关系,为其带来了稳定的市场销售空间。此外,中安消还通过与客户之间的长期合作和服务交流,对下游各领域的业务流程和技术特点有了深入理解,积累了大量的行业经验,为其发展新客户、拓展新市场提供了有利条件。

c. 技术创新优势。

专业系统集成商通常规模较小,受规模限制,无法在技术研发方面进行较大的投入。

中安消自设立以来一直将提高技术研发能力作为提升公司核心竞争力的关键。中安消具有完整的研发组织机构、管理体系、研发基础设施和专业配套齐全的研发人才,技术研发创新能力强,除了通过自主研发获得核心技术,也注重与业务领域内的院士开展深入的合作进行前瞻性技术的研究、承接和产业转化,并拥有核心技术知识产权,取得了领先行业的技术成果。

3. 案例背景介绍

(1) 中安消的"班班通"项目虚构盈利预测、虚增营业收入,导致重组置入资产评估值虚增 15.57 亿元。中安消虚构合同情况如表 13-15 所示。

表 13-15 中安消虚构合同情况

虚构合同(亿元)	公司合同总额(亿元)	所占比率
3.42	4.70	65.00%
28.59	26.91	1 597.19%
515.00	7 155.00	7.00%

中安消虚构 2014 年、2015 年盈利预测和虚增 2013 年营业收入等事项,导致中安消公开披露的重大资产重组文件存在虚假记载、误导性陈述,其中包括中安消资产评估金额虚增 54.46%,2013 年营业收入虚增 5 515 万元。中安消存在的主要违法事实有:

第一,中安消将"班班通"项目计入 2014 年度《盈利预测报告》,分别虚构了 2014 年度、2015 年度预测收入 3.42 亿元、1.05 亿元,导致重组置入资产评估值虚增 15.57 亿元,中安消据此虚增评估发行股份,损害了上市公司及其股东合法权益。

第二,2013 年 11 月,中安消与黔西南州政府签订《黔西南教育信息化工程项目建设战略合作框架协议》(以下简称《框架协议》),项目总金额为 4.5 亿元。根据《框架协议》内容,黔西南州政府同意推进中安消与各县(市、区)后续签订谈判工作,但未保证中安消一定获得业务合同,双方需在此框架协议内签订具体合作合同,该协议并非有约束力、立即可执行的工程合同。黔西南州政府出具的说明载明,该《框架协议》仅为合作框架协议,具体实施需通过公开招标程序确定承建单位,且在已完成招标的各县(市、区)项目中,中安消均未中标。黔西南州政府采购网站招投标公告显示,2014年4~12月,黔西南州下辖8个县(市、区)中有5个启动了"班班通"项目招标,中安消仅参与了1个县项目投标且未中标,未参与其他县(市、区)招标。中安消相关项目负责人称,2014年4月、5月项目沟通过程中,中安消无法满足部分县政府所提要求,导致无法参与各县的招标活动。

中安消在其知悉其无法满足黔西南州下辖各县(市、区)招标条件,实际也未中标任何县(市、区)工程(样板工程除外)、"班班通"项目不具备收入预测条件的情况下,仍然出具《关于"班班通"项目业绩预测情况说明》,预测"班班通"项目2014年可实现收入3.42亿元,2015年可实现收入1.05亿元,导致重组置入资产评估值虚增15.57亿元,中安消据此虚增评估值发行股份,损害了上市公司及其股东合法权益。

(2) 中安消的"智慧石拐"项目不符合收入确认条件,虚增2013年度营业收入5 000万元。

2013年年底,中安消与包头市石拐区政府签订了《包头市石拐区"智慧石拐"一期项目合同书》,合同价款为6 763万元。该合同为框架性协议,约定履行政府招标程序后方可实施。2013年年底,中安消仅依据当月《工程进度完工确认表》确认"智慧石拐"项目营业收入5 000万元,同期结转成本2 498.46万元。经查发现以下事实:①中安消确认收入时未履行招标程序。中安消确认收入时点为2013年12月底,"智慧石拐"项目开始招标时间为2014年3月。②确认收入的主要依据《工程进度完工确认表》真实性存疑。该表仅有中安消和包头市石拐区政府的签章,缺少监理单位的签章,且现有证据证明包头市石拐区政府公章系经非正常途径加盖。③"智慧石拐"项目2013年年底不具备施工条件。④"智慧石拐"项目合同价款存在不确定性。2014年10月,"智慧石拐"确定的中标最高限价约为5 700万元,低于《合同书》的约定价款6 763万元。

依据当时执行的《企业会计准则第15号——建造合同》(现有关事项应按照《企业会计准则第14号——收入》进行会计处理)第18条、第19条,建造合同的结果能够可靠估计的,应当按照完工百分比法确认合同收入和合同费用。2013年12月底,"智慧石拐"项目尚未招标,相关合同总收入不能够可靠估计,中安消在不符合收入确认条件情况下按完工百分比法确认该项目收入,导致2013年度营业收入虚增5 000万元。

(3) 中安消对以BT方式(建设—移交,是BOT模式的变换形式,有关业务处理模式可参照BOT业务)承接的工程项目收入未按公允价值计量,虚增2013年度营业收入515万元。

中安消 2013 年对《曲阜市视频监控及数字化城管建设工程及采购合同书》《赤水市城市报警与监控系统代建合同》《凤冈县城市报警与监控系统代建合同》和《务川自治县城市报警与视频监控系统工程建设设备安装及服务代建合同》4 个 BT 项目累计确认 7 155 万元营业收入，同时确认了 7 155 万元长期应收款。

根据《企业会计准则解释第 2 号》的规定，BOT 业务建造期间的收入和费用核算适用《企业会计准则第 15 号——建造合同》，建造合同收入应当按照收取或应收对价的公允价值计量，确认收入的同时确认金融资产或无形资产。中安消对上述 4 个 BT 项目建造期间的收入确认未按公允价值计量，直接以合同金额的完工百分比确认收入和长期应收款项。经测算，该事项导致中安消 2013 年虚增营业收入 515 万元。

综上，中安消作为涉案重大资产重组的有关方，将"班班通"项目计入盈利预测，导致其评估值被虚增 15.57 亿元，并且 2013 年度虚增营业收入共计 5 515 万元。中安消据此虚增评估值发行股份，损害了上市公司及其股东合法权益。

（二）评估计算

1. 成本法的评估结果

在评估基准日 2013 年 12 月 31 日，中安消经审计后的总资产价值为 76 542.76 万元，总负债为 59 697.35 万元，净资产为 16 845.42 万元。采用成本法评估后的总资产价值为 141 306.61 万元，总负债为 59 697.35 万元，净资产为 81 609.27 万元，净资产增值 64 763.85 万元，增值率为 384.46%。资产评估结果汇总表如表 13-16 所示。

表 13-16　资产评估结果汇总表

评估基准日：2013 年 12 月 31 日　　　　　　　　　　　　　　　单位：万元

项目	账面值 A	评估值 B	增减额 C=B-A	增减率 D=C/A
流动资产	64 698.95	64 698.95		
非流动资产	11 843.81	76 607.66	64 763.85	546.82%
其中：可供出售金融资产净额①				
持有至到期投资净额②				
长期应收款净额	7 155.00	7 155.00	0.00	0.00%
长期股权投资净额	4 500.81	50 229.19	45 728.38	1 016.00%
投资性房地产净额				
固定资产净额	52.94	72.75	19.81	37.42%

---

①② 2013 年金融工具准则未调整，现在已不再使用可供出售金融资产、持有至到期投资科目。

(续表)

项目	账面值 A	评估值 B	增减额 C=B−A	增减率 D=C/A
在建工程净额				
工程物资净额				
固定资产清理				
生产性生物资产净额				
油气资产净额				
无形资产净额	3.39	19 019.05	19 015.66	560 933.92%
开发支出				
商誉净额				
长期待摊费用				
递延所得税资产	131.67	131.67		
其他非流动资产				
资产总计	76 542.76	141 306.61	64 763.85	84.61%
流动负债	59 697.35	59 697.35		
非流动负债				
负债总计	59 697.35	59 697.35		
净资产(所有者权益)	16 845.42	81 609.27	64 763.85	384.46%

2. 收益法的评估结果

1) 母公司口径

在评估基准日2013年12月31日,在本报告所列假设和限定条件下,中安消母公司口径下的账面净资产为16 845.42万元,评估后中安消股东全部权益价值为285 900.00万元,评估增值269 054.58万元,增值率为1 597.20%。

2) 合并报表口径

在评估基准日2013年12月31日,在本报告所列假设和限定条件下,中安消合并报表口径下的账面净资产为33 752.58万元,评估后中安消股东全部权益价值为285 900.00万元,评估增值252 147.42万元,增值率为747.05%。

3. 评估结果的对比

成本法评估结果为81 609.27万元,收益法评估结果为285 900.00万元,成本法评估结果比收益法评估结果低204 290.73万元。

4. 评估结果差异分析

(1) 两种评估方法考虑的角度不同,成本法是从资产的再取得途径考虑的,反映的是企业现有资产的重置价值。收益法是从企业的未来获利能力角度考虑的,反映了企业各项资产的综合获利能力。

(2) 收益法在评估过程中不仅考虑了被评估单位申报的账内账外资产,同时也考虑了如企业拥有的稳定客户资源、科学的生产经营管理水平、雄厚的新产品研发队伍等对获利能力产生重大影响的因素,而这些因素未能在成本法中予以体现。

(3) 成本法的评估结果仅为单项资产价值叠加,而收益法考虑了各项资产共同作用的协同效应。

(4) 被评估单位净资产收益率很高,自 2011—2013 年分别达到了 23.25%、31.63%、52.70%,这导致收益法评估结果与成本法结果差异较大。

5. 评估结论

综合上述原因,本案例评估中收益法的评估结果高于成本法的评估结果。基于上述差异原因,综合考虑了各项对获利能力产生重大影响因素的收益法更能体现被评估单位为股东带来的价值,因此,本次评估最终选取收益法的评估结果作为评估结论,中安消股东全部权益价值为 285 900.00 万元。

根据资产评估准则的标准,企业在执行项目、签订合同时应该符合与资产相关的议定程序,虚假的合同条约对政府的条款有害处。中安消虚增未来可能盈利的项目,虚假提升盈利预测水平,使用收益法提高估值,以此获得更高交易对价,促使上市公司发行更多股份支付,违背了资产评估准则中的资产的真实存在性,需要企业严肃加以对待。

三、分析思路

企业的价值,是该企业所有的投资人所拥有的对于企业资产索取权价值的总和。资产重组在更多情况下,需要对企业价值评估。

本案例采用收益法和成本法对资产重组过程中的企业价值进行评估。其中,运用收益法对目标企业价值进行评估可以获得最准确和科学的评估结果,但运用收益法进行评估的过程中,需要预测大量的参数,因此,运用收益法对目标企业价值进行评估时,需要加强在实践中的应用和修正,并且提高预测的参数的准确性,这样才能真正体现目标企业的评估价值。

四、理论依据

(一) 评估方法的种类

资产评估人员在进行股权价值评估时,要根据评估目的、评估对象、价值类型、评估时的市场状况及在评估过程中资料收集情况等相关条件,分析资产评估基本方法的适用性,恰当选择一种或多种资产评估基本方法。

资产评估基本方法包括成本法、收益法和市场法。

(1) 成本法是指以被评估企业评估基准日的资产负债表为基础,合理评估企业表内及表外各项资产、负债价值,确定评估对象价值的评估方法。

(2) 收益法是指将预期收益资本化或者折现,确定评估对象价值的评估方法。

(3) 市场法是指将评估对象与可比上市公司或者可比交易案例进行比较,确定评估对象价值的评估方法。

(二) 评估方法的选择

被评估单位有完备的财务资料和资产管理资料可以利用,资产取得成本的有关数据和信息来源较广,因此本次评估可以采用成本法。

根据我们对中安消经营现状、经营计划及发展规划的了解,以及对其所依托的相关行业、市场的研究分析,我们认为该企业在同行业中具有竞争力,在未来时期里具有可预期的持续经营能力和盈利能力,具备采用收益法评估的条件。

被评估单位属于安防行业,在国内证券市场缺乏一定数量规模的同类企业产权交易案例,不宜采用市场法测算被评估单位的价值,不具备采用市场法评估的条件。

通过以上分析,本次评估分别采用成本法和收益法进行企业价值估值,在比较两种评估方法所得出评估结论的基础上,分析差异产生原因,最终确认评估值。

1. 成本法介绍

使用成本法时,需要分别求出企业各项资产的评估值并累加求和,再扣减负债评估值得到股权价值。各项资产评估方法的简介如下。

(1) 货币资金:主要按账面核实法进行评估,其中现金采用现场盘点法盘点当日的库存现金,并追溯调整至评估基准日,确定评估值;银行存款及其他货币资金采用将评估基准日各行存款明细账余额与银行对账单核对,确定评估值。

(2) 应收账款、预付账款、其他应收款的评估:采用函证或替代审核程序确认账面明细余额的真实性,分析其可回收性,并在此基础上确定评估值。

(3) 存货的评估:主要为对库存商品和在产品的评估。库存商品为外购工程用设备等,按市场法评估;在产品是指原材料收入生产后,尚未最后完工的产品,按市场法评估。

(4) 长期应收款的评估:长期应收款的评估采用函证或替代审核程序确认账面明细余额的真实性,分析其可回收性,并在此基础上确定评估值。

(5) 长期投资的评估:长期投资——股权投资的评估,按被评估企业经核实的持有的股权比例与被投资企业评估基准日评估后的净资产的乘积作为评估值。

(6) 机器设备的评估:对于机器设备主要采用成本法进行评估。

(7) 无形资产的评估:对于商标、专利技术、专有技术、软件著作权等无形资产采用收益法评估。

无形资产采用收益法评估的基本原理如下：

收益法是国际、国内评估界广为接受的一种基于收益的技术评估方法。无形资产采用收益法评估时，认为无形资产对经营活动中创造的收益或者说现金流是有贡献的，应采用适当方法估算确定无形资产所创造的价值贡献率，进而确定无形资产对收益的贡献额，再选取恰当的折现率，将经营活动中每年无形资产对收益的贡献折为现值，以此作为无形资产的评估价值。

无形资产采用收益法评估的评估值的计算公式如下：

$$PS = \sum_{i=1}^{n} KR_i (1+r)-i$$

其中：PS——无形资产的评估值。

R_i——第 i 年企业的预期销售收入。

n——收益期限。

K——无形资产提成率为无形资产带来的预期收益在整个企业预期收益中的权重（或比率）。

r——折现率。

与经营活动创造收益无直接关联的其他无形资产，如财务软件、管理软件等，以审核后真实、准确的摊余价值作为评估值。

（8）递延所得税资产的评估：递延所得税资产在清查核实的基础上，根据相关资产及负债的评估结果，经综合分析后确定评估值。

使用成本法对负债的评估，按实际需要承担的债务进行评估即可。

2. 收益法

收益法有关详细内容请见案例五。

被评估单位的股东全部权益价值的确定思路：由于纳入此次评估范围内的中安消下属直接或间接投资公司均由其直接或间接100%控股，此次评估中，对于被评估单位股权价值的测算，主要通过对香港中安消及其下属圣安公司、祥兴公司、锐鹰公司（均为空壳公司）以外的8个法人主体分别进行未来年度盈利预测，确定各个公司未来年度净利润、折旧与摊销费用、营运资金增加额、资本性支出等参数并测算出未来年度被评估单位每年自由现金流，然后确定合理的折现率进行折现加总，最后考虑非经营性资产、溢余资产及付息负债等因素后确定。此次评估中，将香港中安消及其下属3家子公司长期投资外的其他资产负债作为溢余资产单独加回；付息负债根据评估基准日被评估单位各公司账面实际付息负债金额同时剔除关联方之间的带息借款后确定。

五、关键要点

(1) 关键所在:通过本案例学习,掌握运用收益法、成本法在资产重组过程中进行企业价值评估。

(2) 关键知识:收益法,成本法,企业价值评估。

(3) 能力点:通过企业价值评估方法的案例介绍,合理分析资产重组过程得出最适合的评估结论,并关注需要注意的问题。

六、结语

该案例通过运用收益法和成本法,对上海飞乐拟收购中安消股权所涉及的股东全部权益价值评估进行研究分析,以期为该类业务评估提供参考。

思考题

(1) 资产重组过程中,进行企业价值评估时应注意哪些问题?

(2) 企业资产重组时,资产评估假设应如何考虑?

(3) 涉及资产重组的评估方法选择和使用时应考虑哪些因素?

案例十四　高新技术企业价值评估

一、案例背景

高新技术企业是技术密集和知识密集的经济体,是指在《国家重点支持的高新技术领域》内,持续进行研究开发与技术成果转化,形成企业核心自主知识产权,并以此为基础开展经营活动,在中国境内(不包括港、澳、台地区)注册1年以上的居民企业。高新技术企业的技术领域主要包括电子信息技术、生物与新医药技术、航空航天技术、新材料技术、高技术服务业、新能源及节能技术、资源与环境技术、高新技术改造传统产业八大类。

沈阳新松机器人自动化股份有限公司(以下简称新松)属于高新技术企业,本案例对新松进行企业价值评估,以期为其他高新技术企业价值评估提供价值参考。

新松的法定代表人是张进;公司类型为股份有限公司(上市);注册资本为人民币15.50亿元;经营范围包括工业机器人制造,工业机器人销售,智能机器人的研发,智能机器人销售,特殊作业机器人制造,物料搬运装备制造,智能仓储装备销售,核电设备成套及工程技术研发,软件开发,人工智能应用软件开发,信息系统集成服务,智能控制系统集成等。

新松成立于2000年,是一家以机器人技术为核心的高科技上市公司。作为国家机器人产业基地之一,新松拥有4 000余人的研发创新团队,同时依托中国科学院沈阳自动化研究所强大的技术实力,坚持以市场为导向开展技术创新,形成了完整的机器人产品线及工业4.0整体解决方案。

新松本部位于沈阳,在上海设有国际总部,在沈阳、上海、青岛、天津、无锡建有产业园区。同时,新松积极布局国内和国际市场,在韩国、新加坡、泰国、马来西亚、德国、中国香港等国家和地区设立多家控股子公司及海外区域中心,已形成以自主核心技术、核心零部件、核心产品及行业系统解决方案为一体的全产业价值链。

新松成功研制了具有自主知识产权的工业机器人、移动机器人、特种机器人、协作机器人、医疗服务机器人五大系列百余种产品,面向半导体装备、智能装备、智能物流、智能工厂、智能交通等,形成十大产业方向,致力于打造数字化物联新模式。新松的产品累计出口40多个国家和地区,为全球4 000余家国际企业提供产业升级服务。新松产业布局如图 14-1 所示。

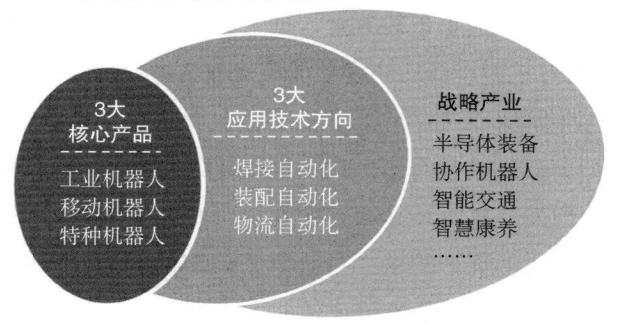

图 14-1 新松产业布局

二、资产评估资料

(一) 相关信息

1. 案例相关方概况

1) 委托方概况

公司名称:新松机器人自动化股份有限公司

公司地址:沈阳市浑南新区金辉街 16 号

法定代表人:张进

公司类型:股份有限公司(上市)

新松目前拥有工业机器人、移动机器人、特种机器人、协作机器人、医疗服务机器人五大系列下的百余种产品,面向半导体装备、智能装备、智能物流、智能工厂、智能交通,形成十大产业方向。产品累计出口 40 多个国家和地区,为全球 4 000 余家国际企业提供产业升级服务。

2) 评估机构

机构名称:辽宁天和资产评估有限公司

法定代表人:张楠

营业场所:沈阳市沈河区市府大路 387 号海馨龙宫 8 层

机构备案证书:辽 ICP 备 14005212 号- 2

联系电话:024-24842955

3) 资产评估委托合同约定的其他评估报告使用者

本评估报告仅供交易方和国家法律、法规规定的评估报告使用者使用,不得被其他任何第三方使用或依赖。

2. 高新技术企业价值评估面临的难点

1) 经营时间短，历史财务数据有限

大多数中国的高新技术企业在其历史数据上都不全面，而且它们的运作和管理资料也十分匮乏，这使得对它们进行资产评估的难度较大。

2) 高新技术企业价值中无形资产价值占据的比例大

一个高新科技型企业最显著的魅力就是它拥有巨大的无形资产份额。我国的高新技术企业的健康生存与发展离不开其拥有的无形资产的数量及质量，高新技术企业的价值很大程度上也是由无形资产的多少与价值来确定的。因此，如何准确对无形资产价值进行评估将会是高新技术企业价值评估的主要难题。

3) 高新技术企业价值突变性强

高新技术企业进行技术开发时面临着较大的风险性，也蕴含较大的价值发掘潜力。如果我国的高新技术企业拥有着极强的创新能力，并且能够持续不断地研发出先进的技术，那么企业的价值也将大幅度地提升。对于评估人员来说，准确地分析未来的趋势，把握其不确定性将是价值评估的关键。

(二) 评估测算过程

新松的企业估值步骤如下：

(1) 构建营业收入二叉树。以 2020 年为基期，将时间分为预测期和平稳发展期两个阶段，其中预测期为 2015—2019 年，平稳发展期为 2020 年及永续期，将新松每年营业收入有增有减两种情况定为上行收入和下行收入，确定上行乘数和下行乘数，再确定上行概率和下行概率，最后预测新松 2015—2020 年营业收入情况。

(2) 构建自由现金流量二叉树，有关计算公式如下：

净利润＝营业收入－营业成本－税金及附加－期间费用－资产减值损失＋营业外收入－营业外支出－所得税费用

净营运资本增加额＝净营运资本$_t$－净营运资本$_{t-1}$＝流动资产$_t$－流动负债$_t$－流动资本$_{t-1}$＋流动负债$_{t-1}$

(3) 未调整新松的企业价值的确定。先确定折现率，借鉴资产评估机构收益法的折现率，再根据计算公式：

$$PV_{2019} = FCFF_{2019}/WACC$$

$$EV_{2019} = FCFF_{2019} + PV_{2019}$$

$$EV_{2018} = FCFF_{2018} + \frac{上涨上行概率 \times 上行 EV_{2019} + 下跌下行概率 \times 下行 EV_{2019}}{1+WACC}$$

其中：PV——自由现金流量折现值。

EV——企业价值。

$FCFF$——企业自由现金流量。

$WACC$——加权平均资本成本。

以此类推，分别逆向推算出2019年、2018年、2017年、2016年各二叉树支点上的企业价值。

(4) 如果每一期以年为单位表述的时间长度$t=1$，根据前面公式上行乘数$u=\mathrm{e}^{\sigma\sqrt{t}}$，下行乘数$d=\mathrm{e}^{-\sigma\sqrt{t}}=\dfrac{1}{u}$（其中e为自然常数），约等于2.7183，可知只要求出新松的营业收入增长率标准差σ，便可确定上行乘数u和下行乘数d。

(5) 确定上行概率p和下行概率$1-p$。根据风险中性假设条件，当市场不存在套利机会，投资者的期望报酬率等于无风险报酬率r，由：

期望报酬率＝（价格上行概率×价格上行时的收益率）＋（价格下行概率×价格下行时的收益率）

$$u=1+上升百分比$$
$$d=1+下降百分比$$

可知：

无风险利率＝上行概率×上行百分比＋下行概率×下行百分比

即：

$$r=p\times(u-1)+(1-p)\times(d-1)$$

(6) 折现率的确定。已知：$\beta_U=0.71$，$\beta_L=0.72$，$R_f=3.67\%$，$R_m-R_f=7.09\%$，$R_e=1.5\%$，$K_d=7.05\%$，代入以下公式：

$$K_e=R_f-\beta\times(R_m-R_f)+R_e$$
$$WACC=K_e\times W_e+K_d\times W_d$$

(7) 最后，根据以上结果，计算新松的企业估值。

三、分析思路

首先，收集相关文献资料了解高新技术企业价值评估的现状和目前评估的难点，从而明晰传统评估方法均难以适用于高新技术企业价值评估。其次，根据高新技术企业价值存在的形式，可以分为现有资产的价值和潜在的价值，分别采用折现现金流量方法和实物期权法进行价值估量，最终结果的加总即是企业价值。最后，预期的营业收入难以确定，从而无法准确地预测企业价值，故采用实物期权下的二叉树期权定价模型先利用单期定价模型。两期二叉树模型的基本原理是由单期模型向两期模型的扩展，实际是单期模型的两次应用。

四、理论依据

（一）高新技术企业价值评估的主要方法

高新技术企业价值评估可以采用市场法，也称相对估值法。该方法以"替代原则"为基础，认为投资者往往通过对比、参考同类资产的市场价格来估计资产价值。市场法的使用需满足两个基本前提：一是存在活跃的、公开的交易市场；二是存在具有可比性的企业或交易。其中，最为关键的就是选择合适的参照对象。一般来说，可比企业与被评估企业应具有相同或相似的经营模式，处于同一生命周期阶段，它们往往是同行业规模相近的企业。在此基础上，再对两者间的差异进行调整，修正参考价值。常用的市场法包括市盈率法、市净率法和市销率法。市场法的优势在于原理简单，能够较为客观的反映出企业当前的市场价值。但是，该方法的运用需要成熟有效、活跃公开的交易市场，需要以与被评估企业在资产规模、经营模式、业务结构等方面相同或相似的可比企业为参照。而高新技术企业一般集中在新兴领域和朝阳行业内，行业细分程度较高，细分市场存在寡头垄断的特点，市场中很少存在合适的可比对象。此外，我国资本市场还不够完善，非上市高新技术企业的股权交易不频繁，缺乏活跃公开的市场，无法获取交易定价。因此，市场法在高新企业价值评估领域的应用也具有一定的局限性。

高新技术企业价值评估还可以采用收益法，又称贴现现金流法（DCF法）。该方法基于经典的资本价值理论，认为企业价值应由未来预期现金流的折现值来表示。企业通过经营获利创造价值，价值大小主要由资产未来的收益水平及风险水平来决定。运用收益法对企业进行估值，关键在于对企业未来获利能力和现金流进行合理预测。收益法的评估模型包含三个重要参数，分别为预期收益、折现率和收益的可持续期间。相对而言，收益法的理论基础较为完善，是目前运用最为广泛的价值评估方法，但在实际运用中，该方法需要对企业未来收益、资本成本及收益持续期进行预测，容易导致一定的主观性偏差。对于稳定期的传统企业，现金流的波动性较小、可预见性较大，收益法估值较为合理和可靠。对于高新企业基于现有资产的价值，也可采用收益法进行评估。但受高风险和高成长性的影响，企业潜在获利机会所产生的现金流稳定性较弱，潜在价值的影响因素难以直接量化到贴现现金流模型的参数之中。因此，收益法不太适用于评估高新企业基于潜在获利能力的价值。

（二）基于传统企业价值评估方法的借鉴与改进

成本法的选择应符合资产的价值评估特性。高新技术企业的研发投入较大，风险水平较高，技术优势可使企业获取市场的超额收益。该类企业的价值表现出整体性、隐含性、预期性和波动性的特征。在对高新企业估值的过程中，现金流的稳定性相对较弱,无形资产占比较大,经营管理决策的动态性和灵活性明显,企业不确定性和成长性蕴含着重要的机会价值。因此,高新技术企业价值由两部分构成:一是基于现有资产的价值,二是基于潜在获利能力的价值。高新技术企业整体价值如图14-2所示。

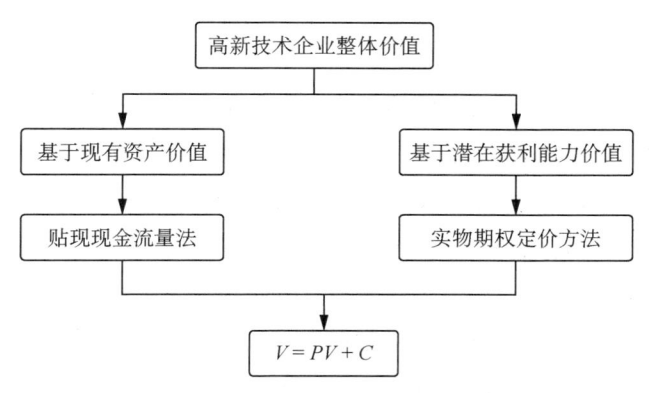

图 14-2 高新技术企业整体价值

对于基于现有资产的价值,可以采取贴现现金流量方法进行评估。该部分价值是企业基于现有资产规模、业绩表现和经营环境等因素,对未来盈利和现金流量水平进行合理预期所能实现的价值。由于收益的可预见性较大,价值波动性相对较小,收益法能可靠预测企业未来的获利能力,进行合理定价。

对于基于潜在获利能力的价值,评估时可以采用实物期权定价方法进行评估。该部分价值来源于高新技术企业不确定性和成长性所蕴含的潜在获利机会,是一种机会价值,一般通过具有可序列化的经营投资决策来实现。总体而言,该部分价值波动性较大,企业在经营管理活动中进行动态决策,拥有灵活选择权。因此,基于潜在获利机会的价值主要由不确定性和灵活选择权而生产实物期权价值来体现,应用期权定价法进行评估。

综上所述,高新技术企业的价值评估组合模型为:

$$V = PV + C$$

其中:V——企业的整体价值。

PV——基于现有资产的价值。

C——基于潜在获利能力的价值。

因此,将新松未来收入期划分为2015—2019年预测期和2020年及永续(平稳发展期)两个阶段,构建营业收入二叉树,引入未来不确定因素,假设每年营业收入有增有减两种情况定为上行收入和下行收入,假设上升和下降幅度分别为 u 和 d ($u \geqslant 1, 0 < d \leqslant 1$),营业收入二叉树的构建由2010年向2015年一年一年地向后推,从简单的第一年

看,营业收入 R 都会向上移动 u 或者向下移动 d,所以当营业收入期初为 R_o,第一年营业收入就会上涨为 $R_u(u\times R_o)$,或者营业收入下降为 $R_d(d\times R_o)$,第二年,营业收入波动就会出现三种情况,分别是①$R_{uu}=u\times R_u$。②$R_{ud}=d\times R_u$。③$R_{dd}=d\times R_d$,以此类推。

1. 行业分析

在当前经济环境下,机器人和智能制造引领着世界各国的经济发展风向,该产业在经济增长中占据了重要的战略地位。2015 年,我国发布《中国制造 2025》及"十三五"规划文件。文件中指出,国家要重点发展机器人和智能制造,大力扶持和推动产业创新与发展。这在我国经济的转型升级过程中发挥着极大的促进作用,有利于我国向"制造强国"大步迈进。新松作为工业机器人系统与自动化成套装备的供应商,不断实现全产业链布局。新松是国内率先实现机器人控制器等核心零部件自主化的企业,体现了强大的技术实力和竞争优势。此外,新松作为我国工业机器人诞生的摇篮,在工业机器人领域遥遥领先。

国际机器人工业联合会的统计数据显示,2014 年工业机器人的全球销售量为 22.92 万台,同比增长 28.7%。并且,最近七年的复合销量增长率达到 30.7%,说明产业正处于高速发展阶段。我国工业机器人的消费需求也不断攀升。相比于工业发达的日本、德国和美国,我国的市场需求增速始终维持在较高水平。2013 年,我国的工业机器人销量首次超越日本,2014 年销量继续增长 56.7%,连续两年成为全球最大工业机器人市场。从机器人的保有密度和成本回收期来看,该趋势在未来仍将延续下去。随着劳动力成本的提高、机器人产品价格的调整,及其应用领域的拓宽,市场需求将逐渐扩大。此外,预测期内我国市场主要被库卡、发那科等国外品牌垄断,国产机器人品牌仅占约 8% 的市场份额,存在很大的替代空间。机器人公司的不断创新与突破,将逐渐打破国外品牌在工业机器人市场的垄断,争夺市场份额,获得更多的市场盈利。国内工业机器人市场的迅速增长将为新松带来更广阔的发展机会。

2. 企业价值影响因素分析

新松企业总市值不断增长,在各项价值驱动因素的协同作用下,企业价值得到了提升。高新技术企业价值影响按价值构成标准分为两类,分别是现有价值影响因素和潜在价值影响因素。

(1) 现有价值影响因素。企业的现有价值影响因素主要包括资产规模、盈利能力、资本结构等因素,它们影响着企业的收益水平和投资者预期。

(2) 潜在价值影响因素。高新技术企业的潜在价值影响因素主要包括研发强度、创新成果、人力资源等因素,以专利、专有技术为核心的无形资产仍具有较强的价值创造能力,在企业中发挥着重要作用。

3. 企业未来收益预测

通过对企业经营管理情况的分析,可以采用销售百分比法来进行财务预测。该方法假定企业的资产负债、成本费用与销售收入之间存在较为稳定的比例关系。

4. 企业自由现金流预测

根据对企业最近 10 年的经营活动现金流、营运资本支出和资本性支出的预测结果,可以计算得出企业后五年的自由现金流量。

五、关键要点

(1) 关键所在:通过本案例学习,掌握运用收益法、期权定价模型对高新技术企业进行企业价值评估。

(2) 关键知识:收益法,期权定价模型,企业价值评估。

(3) 能力点:通过企业价值评估方法的案例介绍,掌握评估过程,得出最适合的评估结论,总结需要注意的问题。

六、结语

该案例介绍了高新技术企业的价值评估过程,有助于了解收益法和期权定价模型等方法在该类企业评估过程中的运用,从而掌握相关评估知识。

思考题

(1) 高新技术企业与一般企业价值评估有什么联系与区别?

(2) 高新技术企业价值评估中最重要的影响该项资产价值的因素是什么?

(3) 基于高新技术企业价值评估,如何更好地评估市场上各种类型的企业价值? 哪些类型企业的企业价值评估需要进行特别分析?

案例十五　传媒文化企业价值评估

一、案例背景

企业是以盈利为目的，由各种要素资产组合而成的具有持续经营能力的法人实体。投资者投资企业的目的是盈利，因此企业的价值决定于它未来的获利能力。而企业价值一词并不是一个有着明确、清晰定义的名词，不同的人使用这一名词时有不同的含义。一般而言，企业价值明确为企业整体价值、股东全部权益价值、股东部分权益价值。

对于传媒文化企业而言，其核心资产为无形资产，包括管理人员的专业能力、企业的创新能力、企业拥有的著作权等。传媒文化企业价值与传统企业价值有所不同，其价值具有一定的不确定性。对于传媒文化企业来说，其价值不仅取决于现有资产的获利能力，还取决于企业所拥有的潜在投资机会所带来的价值。

随着我国社会主义市场经济体制改革的巨大发展，社会各利益主体对于企业价值评估的需求与日俱增，但是企业价值评估一直以来都是资产评估界的一大难题，而其中传媒文化企业的评估也显得特别。因此本案例通过对传媒文化企业的评估内容、方法以及影响因素做了简要的探索，期望为传媒文化的管理和发展带来一些帮助。

本案例对人民网股份有限公司（以下简称人民网）企业价值进行估算。人民网，创办于1997年1月1日，是世界十大报纸之一《人民日报》建设的以新闻为主的大型网上信息交互平台，也是国际互联网上最大的综合性网络媒体之一。作为国家重点新闻网站的排头兵，人民网坚持"权威、实力、源自人民"的理念，以权威性、大众化、公信力为宗旨，以多语种、全媒体、全球化、全覆盖为目标，以报道全球、传播中国为己任。2012年4月18日，人民网展开申购，中签率为1.5%，发行价为20元/股；4月27日，人民网上市，首日大涨73.6%，一小时内两次停牌；2018年3月2日，人民网、腾讯、歌华有线视频达成战略合作。

二、资产评估资料

（一）基于企业自有现金流量法评估企业的价值

采用现金流量法进行折现通常可以从财务方面计算出人民网的大概估值，需要先算出各个指标的具体数值。

1. 无风险利率

无风险利率一般以风险较低的国债利率为基准,人民网的无风险利率选择2017—2019年的平均国债年利率3.93%。

2. 市场收益率

市场收益率选取上证指数2017—2019年的每日收盘价,计算公式如下:

$$市场收益率=\frac{今日指数-昨日指数}{昨日指数}$$

通过计算,得出市场收益率为12.32%。

3. 贝塔系数

贝塔系数选取上证指数和人民网2017—2019年的日股票收盘价作为依据,根据线性回归原理,利用Excel软件对其进行回归,得出贝塔系数为1.19。

4. 权益资本成本

根据权益资本成本计算公式:

$$权益资本成本=无风险利率+贝塔系数×(市场收益率-无风险利率)$$

代入已经计算出的指标,得到权益资本成本为13.91%[3.93%+1.19×(12.32%-3.93%)]。

5. 债务成本

税前债务资本成本选取2017—2019年的平均国债年利率4%,所得税税率选取25%。

6. 加权资本成本

为了使资产负债率更加准确客观,以2018—2019年的资产负债率进行平均(数据来源:人民网2018—2019年资产负债表),可得出人民网的资产负债率为25.65%[(1 139.32÷4 130.14+866.08÷3 650.96)÷2],进而根据加权资本成本的计算公式:

$$加权资本成本=税前债务成本×(1-所得税税率)×负债比例+权益资本成本×权益成本比例$$

通过计算,得出加权资本成本为11.11%。

7. 企业的自由现金流

企业的自由现金流计算公式如下:

$$企业的自由现金流=税后净营业利润+折旧及摊销-营运资本的追加-资本性支出$$

其中:

$$税后净营业利润=营业利润-所得税$$
$$营运资本=流动资产-流动负债$$

营运资本的变动体现为每年的增减变动。

人民网的企业自由现金流如表15-1所示。

表15-1　企业自由现金流

单位：百万元

时间	税后净营业利润	折旧及摊销	营运资本变动	资本性支出	自由现金流
2019年	432.34	67.29	302.22	29.08	168.33
2018年	251.61	59.63	239.99	29.67	41.58

由于自由现金流变动较大，为了使自由现金流更加可靠稳定，评估时分别赋予2018年3成权重以及2019年7成权重，即：

基期自由现金流＝41.38×30%＋168.33×70%＝130.25（百万元）

根据销售收入增长率来预测现金流量增长率。销售收入及增长率如表15-2所示。

表15-2　销售收入及增长率

单位：百万元

时间	销售收入	增长率
2017年	1 400.64	—
2018年	1 693.70	20.92%
2019年	2 150.12	26.94%

本案例假定人民网未来销售收入增长率为30%、25%、20%、10%，得出未来自由现金流，企业达到稳定期后，发展速度比较稳定，设定增长率为8%。人民网未来自由现金流及折现情况如表15-3所示。

表15-3　人民网未来自由现金流及折现情况

单位：百万元

时间	未来自由现金流	折现率	现金流折现值
2020年	169.31	11.11%	152.53
2021年	211.64	11.11%	172.06
2022年	253.97	11.11%	186.74
后续期	279.36	11.11%	6 548.67

根据表15-3，可以得出：

人民网的未来现值＝152.53＋172.06＋186.74＋6 548.67＝7 060（百万元）

又由于现金流是均匀发生的，需要对其进行调整，调整金额为7 441.85百万元 $[7\,060×(1+11.11\%)^{0.5}]$，最终由现金流量法得出人民网企业价值为74.41亿元，这个结果和人民网的市值224亿元还是有很大的差异的。因此靠现金流量折现模型是不能完全算出其自身准确的价值,因为它没有对企业非财务创造价值的进行考虑。

(二) 基于平衡计分卡理论评估企业潜在价值

1. 指标的选择

本案例对影响人民网企业价值非财务因素的分析,主要从客户、内部运营、学习与创新三个维度以及企业的外部环境来进行考虑,在尽量满足指标设置原则的基础上,建立非财务指标体系。这里分别选择了企业客户数量、内部运营、企业研发创新能力、企业文化、企业的外部环境五个方面,其中每个方面又包括一些具体的指标。

1) 企业客户数量

任何盈利模式都需要有足够的客户数量作为获利的保证,所以说客户数量是衡量企业能否盈利的关键指标。人民网依赖庞大的消费客户获得更多的市场占有率,赚取丰厚的利润。与客户相关的影响人民网企业价值的非财务因素主要有品牌知名度、用户体验度、客户的忠诚度、用户满意度等。以下选取三个比较有代表性的指标反映企业客户数量的影响。

(1) 品牌知名度是客户挑选商品的首要评判标准之一。一个品牌能获得一定的知名度往往具有一定优势,诸如产品具有价格优势、产品具有差异化的特点、产品和服务质量高等。知名度高的品牌一般是经过比较多用户的检验,口碑和用户体验都会比较好,获得了用户的关注和认可。对于互联网企业,品牌知名度越高,传播力越强,市场占有率越高,企业客户数量越多,企业价值也越高。

(2) 用户满意度是客户预期值与客户实际体验的符合程度的反馈。如果客户体验的感受跟期望值相近度高,则用户满意度就高,否则就低。互联网企业主要依赖庞大的客户资源,如果客户体验感好,客户则会有一种物有所值的体验,这种满意度会促使用户的持续消费,否则用户会有一种上当受骗的失落,结果就是客户的流失。

(3) 客户忠诚度通常是指用户出于对产品和品牌的偏好和信任而重复性购买的行为。一般来说,忠诚的客户对于企业的持续发展至关重要,忠诚客户的些许增多可以带来利润的大规模增长。而对于互联网企业来说,产品具有一定的同质化,客户的忠诚度是维系用户数量的重要方式,重复访问频率可以在一定程度上体现用户忠诚度。

2) 内部运营

企业要形成自己的核心竞争力,把特定的价值带给用户,让客户满意,这是企业在运营过程中要解决的问题,可以从以下方面出发。

(1) 产品的质量和效果对于新闻互联网企业来说是生存和发展的基础之一,可以用是否达到了客户的目的来衡量。如果产品的质量高,内容丰富,清晰易懂,使用户收获颇丰,提高很大,达到了客户的目的,则产品就是成功的,用户会对产品感到满意,可以帮助企业保持良好的运营。

(2) 完善的售后服务可以大大增加客户对企业的好感度和满意度,提高产品的市场竞争力。

（3）使用的便利性要求人民网要注重优化自己的网站和移动App，使用户可以简单、便捷地使用，提高客户体验感，才能获得良好的用户口碑和体验度。

3）企业研发创新能力

企业研发创新能力对于新闻互联网企业是非常重要的非财务影响指标，技术创新能力对于企业的生存发展至关重要。专利技术等无形资产能够给企业带来有利的竞争优势，也可以形成潜在竞争者的进入障碍。研发投入占比可以体现企业对研发的重视。企业可以通过以下指标判断其研发创新能力。

（1）产品的更新频率反映研发的投入。产品的更新频率高在一定程度上说明企业研发投入的产出高，研发的投入取得了实质性的效果；推出了新颖的产品，可以说明企业重视对研发的投入并取得了成果。

（2）研发工程师占比体现企业对研发的重视程度。新闻互联网企业注重研发创新的一个体现就是聘请优质的研发工程师，因为技术水平是企业发展的核心之一。移动互联网、大数据、云计算和人工智能的快速发展为新闻互联网企业带来发展的良机。企业可以通过数据库和系统对每一个客户的情况进行全面的记录，向不同客户有针对性地推送相应信息，提供个性化和差异化服务。

（3）管理层本科及以上学历比例在一定程度上反映了管理者的素质和能力。高素质的人才一般眼界都会比较开阔，深知研发创新能力对企业发展的重要性，所以他们在制定企业发展方向时也会把研发作为一个重点。高素质的管理人才是企业宝贵的财富，为企业不断创造价值指明方向。

4）企业文化

企业文化是一个企业的灵魂所在，可以为企业前进提供动力。在企业文化方面应关注以下事项。

（1）员工满意度是企业文化的一项重要体现。企业应该给员工一种成就感、满足感和归属感，否则很容易造成人才的流失。

（2）企业价值观念决定着企业的追求行为，企业倘若目光短浅只顾眼前利益，往往会急于求成搞短期行为，这样的企业往往缺乏足够的耐力，时常以失败的结局收场。

5）企业的外部环境

对于任何一个企业，企业价值不仅跟内部环境的影响有关，外部环境也会在一定程度对其产生作用。外部环境主要包含宏观环境和行业环境。宏观环境中，我们重点从政策环境和经济环境进行剖析。而从行业环境来看，本案例主要剖析行业发展前景和行业竞争激烈程度的影响。

（1）政策环境是否友好将对行业产生重要影响。如果一个行业受到了国家的重视和扶持,通过减免税款或者优惠待遇等在方针政策上给予支持,则企业的发展会有很大优势;反之,如果国家出台了一些法令、法规限制某些行业的发展,不符合要求则会被责令关闭,这样行业的发展将会困难重重。

(2) 经济环境是否良好也会对企业的价值造成影响。若经济形势良好,人们收入水平提高,就有更多的资金用来消费。

(3) 行业发展前景是否广阔将影响企业价值。投资人都是理性的,他们只会选择自己认为有前景、可获得回报的行业进行投资,如果行业前景不被看好,则可能会无人问津。人民网所在的互联网行业前景广阔,市场规模逐年扩大,行业发展速度逐年提高,吸引了广大投资者的目光,掀起了投资热潮。

(4) 行业竞争激烈程度也会对企业价值产生影响。如果行业竞争小,形成垄断,企业则会占据主动权。行业竞争激烈程度加剧,出现众多同质的产品,将对企业价值产生不利影响。

2. 非财务指标体系的构建

依据上述对企业价值的非财务影响因素的分析和指标体系建立的方法,可以构建影响企业价值的非财务指标体系。企业价值的非财务指标体系如表 15-4 所示。

表 15-4 企业价值的非财务指标体系

目标层	准则层	指标层
人民网企业潜在价值	客户数量	品牌知名度
		用户满意度
		客户忠诚度
	内部运用	产品的质量和效果
		售后服务
		使用的便利性
	企业研发和创新能力	产品的更新频率
		研发工程师占比
		管理层本科及以上学历比例
	企业文化	员工满意度
		企业价值观念
	企业外部环境	政策环境
		经济环境
		行业发展前景
		行业竞争激烈程度

基于平衡计分卡理论构建非财务指标体系，利用专家打分法算出各指标的比重，再利用层次分析法构建矩阵模型，从而算出对人民网企业价值的修正系数，再用现金流量法算出的企业价值乘以修正系数就可以评估得到更合理的企业价值。

三、分析思路

（一）传媒文化产业企业价值评估方法的选择

文化传媒行业轻资产、高成长、高风险性的特点，使得很难采用成本法、价格比率法等对其进行评估。虽然这些方法在我国评估实务中运用广泛，并且一直受到评估人员的青睐，但是成本法往往缺乏考虑企业作为一个整体所表现的价值，而只是把评估企业的各单项资产价值进行简单加总。企业的总体获利能力不仅仅取决于企业拥有的资产量，更取决于资产间的配合、资产的有效利用率等。传媒文化行业的轻资产性，显然其企业价值不能等于各个单项资产价值简单相加的结果。而基于价格比率的方法应用是建立在成熟的资本和产权市场，同时要求所处行业有充分可供参考的交易案例和可供对比的上市公司。我国证券市场发展仍处在成长阶段，传媒文化行业的高成长性又使得该行业企业发展规模业务能力参差不齐，所以运用价格比率法实施评估的难度较大。

实物期权法作为比较新的评估方法，在评估高新技术行业时得到了广泛的运用，相较于传统的方法，实物期权法更关注企业的期权价值。而传媒文化业的轻资产性，运用实物期权法看似是合理的，但是该方法在评估期间企业估值领域内的应用还是受到较大的限制，主要原因是其计算较为复杂，模型假设较为苛刻，找到一个适合的实物期权定价模型比较困难。

收益法评估企业价值在经过长时间的评估实务实践后，比其他几种评估方法应用更广泛，尤其适用于高成长性行业。相较于以上方法来说，收益法考虑的是企业在持续经营下的价值，其更关注的是企业在未来发展的变化情况，突出时间因素对企业价值的影响。同时，在计算自由现金流量时综合运用三大报表中的数据，能有效分析出企业的财务状况和经营绩效，结果也会更接近企业的真实内在价值。经过评估方法的比较分析后，本案例选择了基于现金流量的企业价值评估方法。该方法的主流模型分别是股利折现模型、股权自由现金流量折现模型（FCFE）和企业自由现金流量折现模型（FCFF）。

伴随着企业价值评估理论的发展，用现金流量法等相关方法来评估企业往往会低估企业的价值。因为现金流量法等方法往往是以企业现实发生的现金流来预测企业的价值，这是从财务角度所考虑的，却没有考虑非财务因素对企业价值的影响，无法评估企业的潜在增长价值。因此，有必要引入平衡计分卡的相关理论来完善现金流量法等方法，从而使得评估出来的企业价值更加客观。

（二）基于平衡计分卡理论的非财务影响因素

传媒文化企业无形资产占比高，价值不确定性强，价值评估相对困难，存在部分无形资产的界定过程争议较大的情况。与传统企业有很大的不同，非财务因素对于传媒文化企业影响意义重大。虽然财务数据及比率可以直观展示企业的盈利状况、营运能力等方面的指标，却只能部分地体现企业价值，不能代表企业的整体价值。平衡计分卡是将组织的战略落实为可操作的衡量指标和目标值的一种新型绩效管理体系，理论中的财务、客户、内部运营、学习与创新四个维度把财务指标和非财务指标结合在一起，为本案例研究提供了一个很好的思路。本案例借鉴了平衡计分卡的理念，同时考虑了案例企业外部环境的影响，结合企业的特点确定对人民网企业有影响的非财务因素，对各个方面进行分析，构建非财务指标体系，计算出指标的比重，再通过构建矩阵模型，进而得到人民网企业价值的修正系数。

1. 客户角度

作为一家互联网企业，经营准则的第一条就是客户至上，客户角度主要解决提供什么样的产品和服务才能使客户满意，从而提高企业所占的市场份额，获得卓越的财务回报。客户维度还需要考虑产品质量和效果、服务水平等方面是否达到客户的要求。对于人民网而言，客户对其生存和发展意义重大，企业崇尚"顾客就是上帝"的理念，只有保证充足的用户数量，人民网才能保证持续增长的市场占有率和竞争力，在行业占据一席之地。针对人民网，品牌知名度、用户满意度、客户的忠诚度等因素属于客户维度考量的范围。

2. 内部运营角度

内部运营角度重点关注企业的核心竞争力，包括一些考核指标，要求企业更为关注客户的感受和体验，并通过改善产品和客户服务去努力实现股东对出色财务回报的愿望。人民网只有提供高质量水平的服务，配备优质的人才，优化网站的使用，提高售后的服务和注重反馈，使客户在使用产品时更加便利，才能获得良好的用户口碑和体验度，才能具备市场竞争力。

3. 学习与创新角度

学习与创新在很大程度上会影响企业成长和员工能力的提高，对保证战略的成功实施起到举足轻重的作用。对于人民网而言，研发创新能力及员工的素质显得尤为重要。现阶段互联网行业市场竞争大，很多产品具有同质化，只有不断学习与创新，加大研发方面的投入和研发费用占比，聘请有技术专长的研发人员利用大数据和云计算等优化网站，利用系统根据客户的不同需求满足出差异化、针对性强的客户体验，推出有特色的服务，才能实现长远的发展。此外，企业要对员工进行培训，提高他们在服务方面的水平，保证产品的质量；同时要树立良好的企业价值观念，维护好企业人才，提高员工的满意度和增强归属感,否则很容易造成人才的流失。

4. 企业的外部环境

对任何一个企业来说,企业价值不仅跟内部环境的影响有关,外部环境也会在一定程度上对企业的发展和价值产生影响。有利的外部环境会推动企业的发展,提高企业的价值;反之,则会阻碍企业发展,加大发展的难度和风险。外部环境重点剖析宏观环境和行业环境。

从宏观环境角度看,可以从国家政策和经济环境进行剖析。如果国家通过减免税款或者优惠待遇等对企业在方针政策上给予支持,则企业的发展会有很大的优势。国家规定如果企业获得了有关部门颁发的《高新技术企业证书》,则在规定的期限内可以依照15%的低税率计缴企业所得税,所以人民网能否满足这个标准,享受低税率对企业的发展有很大的影响,少缴纳税款有助于企业提高利润水平。经济环境也会对企业的价值造成影响,近年来,我国经济形势良好,人们收入水平提高,大家就有更多的资金花费在各种产品上。分析得知,政策的支持和良好的经济发展也在一定程度上预示了互联网行业预期发展的光明前景。

而从行业环境角度看,可以主要剖析行业前景和行业的竞争程度的影响。互联网行业前景广阔,市场规模逐年扩大,行业发展速度逐年提高,吸引了广大投资者的目光,掀起了投资热潮。行业的竞争程度也会对企业价值产生影响,行业竞争激烈程度加剧,会出现众多同质的产品,将对企业价值产生不利影响。

四、理论依据

(一) 传媒文化企业评估方法——收益法

选择收益法,需要评估专业人员能够充分可获得被评估企业的各项资料,被评估企业应积极配合。如果选择收益法进行评估,重点需要明确企业未来持续的获利能力以及预期收益和与收益相匹配的折现率。收益法中的预期收益,通常是指经济收益,从企业角度而言,其表现形式通常有经济利润、税前净利润、经营现金流、净营业利润等。这些经济收益通过与自己相匹配的折现率结合,转换为价值指标。该模型隐含的前提条件包括:①资本市场是有效的,资产价格能够较为准确地反映资产价值。②企业的经营环境、行业发展预期较稳定。③企业持续经营不破产。④经营者具有充分的理性等。

其计算公式为:

$$V = \sum_{t=1}^{n} \frac{CF_t}{(1+r)^t}$$

其中：V——企业的价值。

n——企业的盈利年份。

CF_t——企业预期现金流。

r——折现率。

（二）平衡计分卡理论

平衡计分卡是由哈佛商学院的"领导力开发"课程教授罗伯特·卡普兰和复兴全球战略集团创始人大卫·诺顿所提出的。平衡计分卡的中心思想在于转变企业传统的以财务指标为核心的绩效评价和战略管理体系，将非财务因素充分引入企业的管理之中。平衡计分卡从财务、客户、内部运营、学习与成长四个角度来评价企业绩效水平，并将企业当期绩效和未来发展相联系，并通过具体的目标绩效指标确保企业战略的实施。

五、关键要点

（1）关键所在：掌握文化传媒企业价值评估方法。

（2）关键知识：收益法、平衡计分卡理论。

（3）能力点：通过案例学习，了解如何对人民网企业价值进行估算，进而掌握传媒文化企业价值评估的知识点。

六、结语

该案例以人民网财务数据为依据，通过运用收益法与平衡计分卡理论，对其进行估值，验证此估值方法是否可行，希望借此对我国传媒文化企业的价值评估提供一些借鉴。

❓ 思考题

（1）传媒文化企业具有哪些特征？

（2）财务价值与非财务价值如何评估？

（3）现金流量法与平衡计分卡的区别与联系。

（4）基于企业价值评估，如何有效地评估传媒文化企业价值？

案例十六 市场化债转股价值评估

一、案例背景

中国黄金集团黄金珠宝股份有限公司（以下简称中国黄金集团）、中金黄金股份有限公司（中国黄金集团旗下A股上市公司，以下简称中金黄金）与国新资产、国新央企基金、中鑫基金、东富国创和农银投资5家投资机构完成总规模达46亿元的增资协议签署；中金黄金发布《中金黄金股份有限公司发行股份及支付现金购买资产并募集配套资金暨关联交易预案》公告，5家机构以现金及债权方式向河南中原黄金冶炼厂有限责任公司（以下简称中原冶炼厂）增资46亿元，河南中原冶炼厂所获得的现金将用于偿还债务。截至2018年12月29日，资金已到账44.3亿元，中原冶炼厂完成还款42.7亿元。而后中金黄金向中国黄金集团发行股份及支付现金购买其持有的内蒙古矿业90%股权，同时向国新资产、国新央企基金、中鑫基金、东富国创和农银投资等发行股份购买其持有的中原冶炼厂60.98%股权。

最终，中国黄金集团的负债率由70.86%降至66.85%，中金黄金的负债率由61.26%降至49.69%，中原冶炼厂的负债率由85.5%降到57.11%。中国黄金集团的负债率变动情况如图16-1所示。

二、资产评估资料

（一）相关指标

1. 资产标的价格

资产标的价格（S）为标的企业的价值，这里以中金黄金2018年12月31日的市场价值296.11亿元作为S。

2. 行权执行价格

行权执行价格（X）为债务面值，将中金黄金进行市场化债转股之后的债务总额面值187亿元作为期权执行价格。

3. 标的资产价格波动率

2018年中金黄金部分股价如表16-1所示。

案例十六 市场化债转股价值评估

```
┌─────────────────────────┐
│ 国新资产、国新央企基金、中鑫基 │
│ 金、东富国创和农银投资等成立股 │
│ 权投资基金                │
└─────────────────────────┘
            ↓
┌─────────────────────────┐
│ 5家机构以现金及债权方式向中原 │
│ 冶炼厂增资46亿元            │
└─────────────────────────┘
            ↓
┌─────────────────────────┐
│ 截至2018年12月29日，到账资金 │
│ 44.3亿元，中原冶炼厂完成还款  │
│ 42.7亿元                  │
└─────────────────────────┘
        ↙         ↘
┌──────────────┐  ┌──────────────────┐
│中金黄金向中国黄金│  │中金黄金向国新资产、│
│集团发行股份及支付│  │国新央企基金、中鑫基│
│现金购买其持有的内│  │金、东富国创和农银投│
│蒙古矿业90%股权 │  │资等发行股份购买其持│
│              │  │有的中原冶炼厂      │
│              │  │60.98%股权         │
└──────────────┘  └──────────────────┘
            ↓
┌─────────────────────────┐
│ 中国黄金集团负债率由70.86%降 │
│ 至66.85%，中金黄金由61.26%降│
│ 到49.69%，中原冶炼厂由85.5%降│
│ 至57.11%                  │
└─────────────────────────┘
```

图16-1 中国黄金集团的负债率变动情况

表16-1 2018年中金黄金部分股价

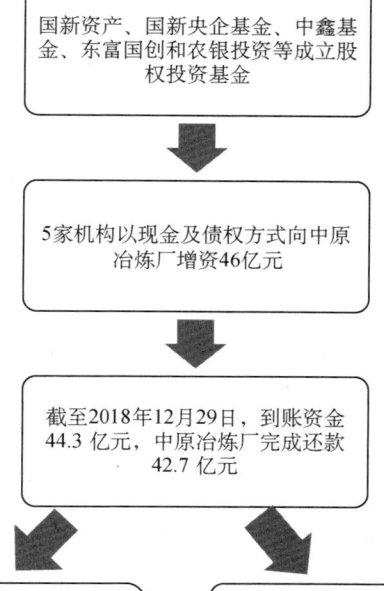

日期	股票代码	公司简称	收盘价(元/股)
2018/12/10	600489	中金黄金	8.14
2018/12/11	600489	中金黄金	8.48
2018/12/12	600489	中金黄金	8.48
2018/12/13	600489	中金黄金	8.43
2018/12/14	600489	中金黄金	8.23
2018/12/17	600489	中金黄金	8.19
2018/12/18	600489	中金黄金	8.26
2018/12/19	600489	中金黄金	8.15
2018/12/20	600489	中金黄金	8.11

(续表)

日期	股票代码	公司简称	收盘价(元/股)
2018/12/21	600489	中金黄金	8.12
2018/12/24	600489	中金黄金	8.27
2018/12/25	600489	中金黄金	8.36
2018/12/26	600489	中金黄金	8.56
2018/12/27	600489	中金黄金	8.40
2018/12/28	600489	中金黄金	8.58

标的资产价格波动率用 δ 变量表示。通过计算，中金黄金日收益波动率为 0.019 8，年波动率为 0.301。

4. 债务期限

t 是现在的时间点，也就是投资日，T 是期权到期日，也就是投资的资本退出日，所以 $T-t$ 即债务期限；《上市公司重大资产重组管理办法》第 46 条规定，特定对象以资产认购而取得的上市公司股份，自股份发行结束之日起 12 个月内不得转让；属于下列情形之一的，36 个月内不得转让：①特定对象为上市公司控股股东、实际控制人或者其控制的关联人。②特定对象通过认购本次发行的股份取得上市公司的实际控制权。③特定对象取得本次发行的股份时，对其用于认购股份的资产持续拥有权益的时间不足 12 个月。此处假设债务期限 $(T-t)$ 为 3 年。

5. 无风险利率

无风险利率 (r) 常以国库券的短期利率为代表，它是在国库券的拍卖过程中形成的。经调查，符合研究目的的国债到期收益率是 3.62%，本案例以此作为无风险利率。

(二) 评估结论与分析

从测算结果可以看出，基于 B-S(Black-Scholes) 模型的评估结果远远高于传统收益法的评估结果，这是因为不仅考虑了负债的账面价值，还在投资过程中考虑了进行了市场化债转股之后创造出的价值。使用传统的账面价值计算，没有考虑公司债转股隐性的期权性，因此就忽略了其能带来的潜在价值。但是，由于在进行估值时没有对债转股各方基于企业实际情况，根据债权包中各级贷款的比重，量化分析判断该项目是否更好地符合各方利益，估值结果可能存在不够精准、脱离实际债务等情况。

三、分析思路

新一轮债转股的实施，更加注重市场化，对于债权方和债务方而言是一个相互协商、将利益最大化和损失最小化的结果，资产评估人员需要多加关注的就是对企业股权价值以及其转股比例评估。由于债转股企业未来现金流量的不确定性，可以采用 B-S

期权定价模型对债转股的定价进行分析,在一定程度上弥补了传统方法的不足,为实物期权定价模型应用于市场化债转股评估提供新的思路。

四、理论依据

期权是指一种选择权,能够在未来某一特定时间以特定价格买入或卖出一定规模的某种商品的权利。产生交易必然要有价格,期权的价格其实就是权利的价格。期权的定价机制最早是由布莱克与斯科尔斯提出的,他们在期权理论上制定了布莱克-斯科尔斯 B-S 模型。

期权定价理论讨论的是确定期权价值的方法。期权价值是拥有者为取得这种权利付出的代价。按照期权定价理论,期权价值中包含选择权价值和时间溢价两部分。选择权价值大小取决于相关资产市场价格与执行价格的差异程度。当市场价格远离执行价格时,选择权价值在期权价值中占主要成分;反之,则时间溢价占主要成分。时间溢价主要取决于相关资产价格波动幅度,即风险程度、到期日、无风险利率水平三个因素。从企业价值评估的角度看,资产价值区分为选择权价值和时间溢价两部分使得人们能够现实地衡量资本价值中的增长机会价值。公司的股权是一种对残值的要求权,即股权持有者拥有满足其他权利要求者(如债权等)的利益后的所有剩余现金流的要求权。有限责任公司能保证公司破产时股权投资者的最大损失不过是其在公司的总投资,而其潜在收益却是无限的。这点与期权极为相似,因而我们可以将股权视为一种看涨期权进行估价。

B-S 模型的公式为:

$$C = SN(d_1) - Xe^{-r(T-t)} N(d_2)$$

其中:

$$d_1 = \frac{\ln\left(\frac{S}{X}\right) + \left(r + \frac{\delta^2}{2}\right)(T-t)}{\delta \sqrt{T-t}}$$

$$d_2 = \frac{\ln\left(\frac{S}{X}\right) + \left(r - \frac{\delta^2}{2}\right)(T-t)}{\delta \sqrt{T-t}} = d_1 - \delta \sqrt{T-t}$$

其中:S——标的资产的现值。

X——期权的执行价格。

t——现在的时间点,也就是投资日。

T——期权到期日,也就是投资的资本退出日。

δ——无形资产预期收益的波动率。

R——无风险利率。

C——期权价值,也就是标的企业的股权价值,即股权价值除以企业的股份数量就是每股的价格。

五、关键要点

(1) 关键所在:基于债转股企业未来现金流量的不确定性,选择实物期权定价模型对债转股的定价进行分析。

(2) 关键知识:实物期权定价模型应用于市场化债转股的评估步骤。

(3) 能力点:通过案例学习,掌握对市场化债转股评估的相关知识点。本次新一轮的债转股实施,更加注重市场化,对于债权方和债务方而言是一个相互协商、将利益最大化和损失最小化的结果,需要多加关注的就是对企业股权价值以及其转股比例评估。由于债转股企业未来现金流量的不确定性,可以采用B-S期权定价模型对债转股的定价进行分析,在一定程度上弥补了传统方法的不足,为实物期权定价模型应用于市场化债转股评估提供新的思路。

六、结语

该案例以中国黄金集团为例,通过介绍采用B-S期权定价模型,对债转股价值进行评估,以期为该类资产的价值评估提供参考。

思考题

(1) 运用B-S模型评估出的市场化债转股价值如何指导企业实际定价,企业定价过程中还需考虑哪些因素?

(2) 各因素变动对市场化债转股的价值评估分别会造成什么影响?

案例十七　自然遗产价值评估

一、案例背景

本案例评估的对象是云南石林风景区(以下简称云南石林、石林风景区),时间为2022年4月20日。石林风景区是被誉为"天下第一奇观"和"阿诗玛故乡"的国家重点风景名胜区,位于昆明市东南78千米的石林彝族自治县境内,面积为1 100平方千米,其中保护区面积为350平方千米,是世界上唯一处于亚热带高原地区的喀斯特地质地貌奇观。石林风景区包括"二林、二湖、二洞、一瀑、一园"八个片区。石林风景区于1931年建立,经过多年的建设发展,现已经成为"中国南方喀斯特"世界自然遗产、首批世界地质公园、国家风景名胜区、5A级景区。

二、资产评估资料

(一) 相关信息

1. 云南石林的生态价值

作为自然遗产,石林具有其独特的生态价值。云南石林主要以石多似林而闻名,景区范围广阔,景点众多,有大小石林风景区(包括大石林和小石林风景区)、黑松岩(乃古石林)风景区、飞龙瀑(大叠水)风景区、长湖风景区、月湖风景区、芝云洞风景区、奇风洞风景区、圭山国家森林公园等。其中已开发为游览区的有:月湖风景区、大小石林风景区、黑松岩(乃古石林)风景区、飞龙瀑(大叠水)风景区、长湖风景区。

大石林风景区面积约8平方千米,为主要游览区。在石林入口处,有石林湖,湖中一尊石峰突出水面,被称为"出水观音"。在石门右侧石峰上镌刻着"石林"两个隶书大字,与拔地而起的石柱、石峰交相辉映,引人入胜。游人至此,美景目不暇接,差错密布的灰褐色怪石奇峰,平地拔起,冲入云霄,许多石峰恰似各种动物,形象逼真,栩栩如生。

小石林风景区与大石林风景区紧密相连而又自成格局,这里地势平坦。小石林风景区有两个圆形碧池,一个是幽池,柳树丛中有一组石峰被称为"幽池恋人"。另一池是玉鸟池,池旁有一座石峰,当地人民亲切地称之为"阿诗玛"。

2. 云南石林的科学价值

从科学角度来说,石林地质公园是石林术语的源地,早于任何其他的岩溶术语,它是溶痕系列的特殊类型,集微观溶蚀形态到中观溶蚀形态。

石林岩溶形态复杂,类型多样,发育久远,发育系列完整,具有多期、多样的古环境的发育类型和残留形态,是研究石林岩溶发育与保存机制的代表地点之一。

岩溶既与其他岩溶地貌具有密切联系,又与区域地质地貌演化相关(早二叠世的海退、晚二叠世的区域玄武岩喷发、行星气候带的古内陆干旱区、内陆湖泊演化、高原抬升、河流发育与地貌裂点、地下水系统演化等)。各期石林岩溶的空间共存与分离源于复杂独特的发育保存机制,反映这种机制的各种地质遗迹在石林地质公园内得到完整的保留。

石林地质公园内保留有反映滇中岩溶高原原生植被特点的植被群落,可作为物种就地保护地之一。

3. 云南石林的经济价值

石林的"经济价值"也是在对其整体价值评估中不可忽视的一部分。云南石林位于云南省昆明市石林彝族自治县境内,占地总面积为350平方千米,其中,特级保护区44.96平方千米,一级保护区62.10平方千米,二级保护区107.21平方千米,三级保护区135.73平方千米。2021年石林彝族自治县地区生产总值为127.02亿元,农林牧渔业总产值10年来首次突破两位数增长,全年全县农林牧渔业总产值达59.36亿元。

云南石林很大一部分居民从业以旅游业为主。2021年1~11月,石林县累计接待游客950.79万人次,同比增长20.29%,实现旅游综合收入95.13亿元,同比增长35.71%。云南石林门票价格如表17-1所示。

表17-1 云南石林门票价格

门票种类	当天票	通票	年票
门票景点	石林风景区	石林风景区、九乡套票	石林风景区
票价	130元	295元	200元

(二)评估过程

本案例的关键在于使用什么方法对自然遗产的价值进行有效的评估。旅行成本法(TCM)在成本—效益分析中,以消费者剩余理论计算旅游资源的价值,即:

云南石林的总游憩价值=消费者支出+消费者剩余

TCM经常用于评估没有市场价格的自然景点或游憩环境的旅游价值,结合云南石林自然遗产的特点,可以将两者结合进行评估。旅行成本法主要包括2种主要模型,分区旅行费用模型和个人旅行费用模型,目前较为广泛应用的是分区旅行费用模型,下面将具体介绍分区旅行费用模型在云南石林中的运用。

(1) 以特定的标准划分旅游景点:一般以行政区划为基准或者以收入水平为基准划分区域。通过问卷调查了解石林游客的信息;用分区的旅游人数除以该地区的总城镇人口获得旅游率。

(2) 估算旅行费用:旅行费用包括与云南石林相关的交通、食宿、时间费用、其他费用等;利用回归模型构建旅游率与总旅行费用的函数关系。用公式表示如下:

$$q_i = \frac{V_i}{P_i}$$

$$Q = f(C)$$

其中:q_i——旅游率。

V_i——从第 i 出发区到评价目标景区的总旅游人数。

P_i——第 i 出发区的总人口数。

Q——总旅行人数。

C——总旅行费用。

(3) 估算旅游需求曲线:建立总旅游人数与增加的旅行费用之间的函数关系,获得消费者的剩余。一般旅游景点的游客数量与旅行的消费费用有负相关关系,然后得到需求曲线;利用需求曲线计算各分区的消费者剩余,最后求出石林旅游消费者剩余和花费资金的总和,即可计算石林总旅游价值。用公式表示如下:

$$CS = \int_{P_0}^{P_m} f(p) \mathrm{d}p$$

$$TV = TC + CS$$

其中:TV——总旅游价值。

TC——消费者支出。

CS——消费者剩余。

$f(p)$——旅游需求曲线。

P_0——现在从出发地到旅游景点的旅行费用。

P_m——从增加旅游费用到游客人数为零时的值。

TCM 在旅游资源的游憩价值评价上应用相当广泛,是旅游资源利用价值评估中最受认可的方法,目前部分学者尝试把它运用到自然遗产的评估中。陈炜[1]对世界自然

---

[1] 陈炜.基于 TCM 和 CVM 方法的生态科普旅游资源价值评估:以桂林喀斯特世界自然遗产地为例[J].社会科学家,2019(1):69-75.

遗产桂林喀斯特进行了价值评估，桂林喀斯特世界自然遗产地拥有类型多样的生态科普旅游资源，所以在计算游客的旅行费用时，根据实际情况赋予了一定的权重，经过分析计算旅行费用与旅游数量之间的回归函数，计算消费者剩余，最后获得消费者剩余与各项旅行费用的和得到旅游价值。

在运用 TCM 对云南石林自然遗产进行评估时，运用分区旅行费用模型进行具体的价值计算，可以对云南石林的价值起到一定的参考作用，但是该方法忽略了云南石林自然遗产的内在价值，仅从消费者的角度去考虑石林的内在价值。

三、分析思路

自然遗产研究除了要从历史的角度去看待历史价值、文化价值、精神价值这些基本价值，还要从另一角度认识自然遗产的科学价值、和谐价值、审美价值这些基本价值，这样才能全面地认识其中的基本价值。综上所述，现有研究涉及自然遗产的价值评估体系建构仍在探索之中，缺少科学、简便、可操作性强的评价体系。

在对自然遗产进行评估时大多时候都是从某项具体的角度出发，如资源价值、旅游价值、开发价值等，极少从总体进行研究，没有形成科学合理的自然遗产项目价值评估体系。本案例在对自然遗产石林风景区进行分析时主要考虑了 TCM 在石林风景区的具体运用。在此基础上，一个完整的评估应该包括：①明确评估目的和评估标准。②确定评估主体和评估方法。③分析自然遗产的价值构成。④分析各构成价值的影响因素，并确定各因素之间的权重关系。⑤分析各构成价值之间的比例关系。⑥选择特定的评估方法。⑦评估结果的处理，对该整体综合评估进行反评估。⑧根据评估法评估结果适当进行新一轮的评估。

在选择资产评估方法时，评估人员应该充分考虑影响评估结果的因素，主要包括：①评估的目的和运用的价值类型。②评估对象及其预期的使用用途。③各种评估方法的优、缺点。④所依据数据的质量和数量等。在可以采用不同的评估方法评估某一项资产时，资产评估人员应当组合选用，然后通过综合分析得出评估结论。

四、理论依据

在对自然遗产进行评估时，由于自然遗产自身的特殊内容和形式，基本价值包括历史价值、艺术价值、科学价值、情感价值、经济价值、社会价值、使用价值、生态价值及环境价值。各类价值的体现有着各自的相关因素，所以最难的就是将自然遗产进行定量分析。公认的遗产价值评估有如下两种方法。

（一）旅行成本法

旅行成本法（TCM）亦称旅行费用法，是一种运用于成本效益分析的显示偏好类估值方法。TCM 也可以用来评价无市场价格的商品的价值。有些旅行目的地的门票费用很低甚至免费，其价值可通过游客人数及其旅行费用予以评估。评估人员可利用旅行费用计算环境质量发生变化后给旅游场所带来效益上的变化，从而估算出环境质量变化造成的经济损失或收益。旅行成本法最大的优点在于它所依赖的是旅游者的实际行动，它所得到的估计值来源于真实的消费行为，而不是假性消费。

（二）条件价值法

条件价值法（CVM）是一种模拟市场的价值评估方法，一般用于评估非使用价值，是非市场价值评估技术中最为重要、广泛应用的方法。条件价值法通过构建模拟市场，采用问卷调查的形式询问人们对模拟市场中的某项遗产改善的支付意愿（willingness to pay, WTP）或放弃遗产想要获得的最低补偿意向（willingness to accept compensation, WTA），从而获得受访者的偏好，估算遗产的非使用价值的市场价格。

五、关键要点

（1）关键所在：了解自然遗产的价值影响因素，还有旅行成本法在评估自然遗产时的具体应用。
（2）关键知识：旅行成本法。
（3）能力点：通过案例学习，掌握自然遗产价值评估方法的选择与应用。

六、结语

该案例以云南石林自然遗产为例，通过运用旅行成本法对其价值进行分析评估，以期为该类资产评估提供一定的参考价值。

? 思考题

(1) 石林自然遗产价值较其他遗产价值有何不同？
(2) 如何能够更好地降低评估过程中的主观性判断？
(3) 对云南石林自然遗产价值造成较大影响的因素有哪些？

案例十八　非物质文化遗产价值评估

一、案例背景

1997年,国务院发布《传统工艺美术保护条例》,对传统工艺美术保护的标准规定为:"百年以上,历史悠久,技艺精湛,世代相传,有完整的工艺流程,采用天然原材料制作,具有鲜明的民族风格和地方特色,在国内外享有盛誉的手工品种和技艺。"依照此标准,国家建立了评定机构,保护了一大批传统工艺美术品种,命名了两百余名"工艺美术大师"。随着全国保护试点名录的推出,2005年,我国文化部(2018年已改为文化和旅游部)颁布《国家级非物质文化遗产代表作申报评定暂行办法》。类似有关非物质文化遗产的确认和保护工作取得了很好的实际效果,建立了一批专业队伍,形成了基本的规范和模式,这都为我们在法律上确立认定标准、建立保护制度打下了良好的基础。

长久以来,国内外学者对非物质文化遗产"刺绣类"的研究多停留在艺术鉴赏上,对价值评估的研究较少。不仅如此,已有的价值评估研究亦多是以较为朴素的论述分散在各著作中,往往具有零散化、模糊化的特征。这使得我国刺绣价值评估始终未有一套可循的理论体系。因此,一套系统、全面、可应用的非遗"刺绣类"价值评估体系亟待构建。

针对"刺绣类"价值评估体系的构建,无论选择何种评价指标,其评价参照的二级或更低级的指标主要集中在非物质文化遗产的社会效益、珍稀性、资源品级、文化价值、审美性、规模与丰度、传承情况、经济收效等;就研究方法而言,常用方法有综合评分法、层次分析法(AHP)、德尔菲法、因子分析法、问卷调查法、模糊数学方法、加权求和法等。

本案例在借鉴以上研究的基础上,尝试建立"刺绣类"非物质文化遗产价值评估体系,进而为非物质文化遗产的传承和保护提供理论依据。

二、资产评估资料

蜀绣又名"川绣",与苏绣、湘绣、粤绣齐名,为中国四大名绣之一,是在丝绸或其他织物上采用蚕丝线绣出花纹图案的中国传统工艺。作为中国刺绣传承时间最长的绣种之一,蜀绣以其明丽清秀的色彩和精湛细腻的针法形成了自身的独特韵味。蜀绣历史悠久,东晋以来与蜀锦并称"蜀中瑰宝"。蜀绣以软缎、彩丝为主要原料,针法包括 12 大类 122 种,具有针法严谨、针脚平齐、变化丰富、形象生动、富有立体感等特点。2012 年 12 月 3 日,原国家质量监督检验检疫总局(现为国家市场监督管理总局)批准对"蜀绣"实施地理标志产品保护。2019 年 11 月,蜀绣列入国家级非物质文化遗产代表性项目名录。

(一) 蜀绣的历史价值

相较于其他资产的价值评估,历史价值是非物质文化遗产价值构成的重要因素之一,是在对非物质文化遗产进行评估时应该重点关注的价值影响因素。一般情况下,历史价值的细化评估指标主要包括非物质文化遗产的知名度、古悠度、历史传承。其中:知名度是指非物质文化遗产被公众知晓、了解的程度。例如,与蜀绣相较,苏绣是中国最为著名的刺绣,知名度较高。古悠度是指刺绣手艺传承至今的悠久程度,即具有文字记载的历史长短。历史传承是指继承先进的历史文化,推陈出新,不断发展自己的文化,使之不仅是得到继承,还能继续得到发展,丰富。中华人民共和国成立后,成都蜀绣厂建立,使蜀绣工艺的发展进入了一个新阶段,技术上不断创新。例如,针法技术上产生了表现动物皮毛质感的"交叉针",表现人物发髻的"螺旋针",表现鲤鱼鳞片的"虚实覆盖针"等,这些针法都大大丰富了蜀绣的表现形式和艺术风格。

(二) 蜀绣的文化价值

刺绣作为人们精神生活的一种载体,具有文化价值。蜀绣通过其各类色彩、图案呈现出巴蜀地区各民族群众生产劳作、生活实践过程中的各种不同场景,以及对生命感悟、未来畅想与美好祝愿的各种画面,包含了世代相传沉淀下来的民族思想、民族精神以及文化理念,并通过长久的自然传承与繁衍逐步形成了一种区域性的文化形态,具有十分丰富的地区特色和文化内涵。因此,蜀绣是巴蜀地区世居民族的历史传承文明,具有鲜明的文化价值。非物质文化遗产的文化价值评估主要考虑文化特色和文化形象两个方面。

(三) 蜀绣的社会价值

作为非物质文化遗产,蜀绣具有其独特的社会价值。将社会价值进行细化又可提炼出情感表达、宗教信仰、社会和谐、文化认同四个方面。其中情感表达是指刺绣作品中所蕴含的人文情感、文化理念。例如,一些民间故事在很多刺绣作品中有所体现。宗教信仰体现了刺绣作为载体承载的宗教文化,唐代的刺绣除了作为服饰用品,还用作佛经和佛像的载体,为宗教服务。社会和谐主要是指非物质文化遗产中的积极因素可以直接推动社会和谐发展,促进地区发展,解决人类和谐生存、人文关怀以及可持续发展等问题。文化认同是指唤起民众民族认同的程度,"刺绣类"非物质文化遗产的发展与传承基于该区域民众的生产劳动与生活需要,在当地居民中获得了较高程度的认可。

(四) 蜀绣的经济价值

刺绣作品所能带来的经济价值也是在对其整体价值评估中不可忽视的一部分。经济价值可进一步细分为品牌效应、市场需求、公开发行、行业环境四个指标。品牌效应是指公众对刺绣品牌的认可程度所带来的效应。市场需求指标以公众对相关产品的需求程度计量。刺绣的价值不仅在于刺绣作为商品本身，还在于与其他商品相结合所能获得的收益。公开发行即是形容这一属性的指标，代表转化为商品并获得经济效益的难易程度。对一评估对象价值进行评估时还应对其产业经济发展水平进行考虑，因此还应设立"行业环境"指标。

(五) 蜀绣的艺术价值

从艺术角度讲，无论在造型、色彩、工艺还是图案纹样上，民间刺绣都具有极高的审美价值和深刻的社会内涵。因此在艺术价值指标下设针法、面料、纹饰、完成度四个指标。针法是指刺绣作品针法难易度、独特度，如蜀绣常用的针法有晕针、铺针、滚针、截针、掺针、沙针、盖针等，讲究"针脚整齐，线片光亮，紧密柔和，车拧到家"。一般绣品都采用绸、缎、绢、纱、绉作为面料，并根据绣物的需要，制作程序、配色、用线各不相同，相对应设立面料指标。不同纹饰的刺绣，寓意也不同，绣制流行图案既有山水花鸟、博古、龙凤、瓦文、古钱一类，又有民间传说，如八仙过海、麻姑献寿、吹箫引凤、麒麟送子等，也有隐喻喜庆吉祥荣华富贵的喜鹊闹梅、鸳鸯戏水、金玉满堂、凤穿牡丹等，富于浓郁地方特色的图案如芙蓉鲤鱼、竹林马鸡、山水熊猫、花鸟人物等也深受东西方人青睐。因此纹饰也是评估刺绣价值的一个指标。刺绣作品价值受完成度影响，一般情况下，其他条件不变，完成度越高价值越高。

三、分析思路

本案例运用层次分析法，从历史价值、文化价值、社会价值、经济价值和艺术价值五个维度出发。首先，确定"刺绣类"非物质文化遗产价值评估体系的评价指标体系化构建；其次，采用德尔菲法以问卷的形式邀请各领域专家对各级指标打分；最后，回收结果，整理并实现各级指标权重的划定。"刺绣类"非物质文化遗产价值评估的主要影响因素总结如图 18-1 所示。

四、理论依据

(一) 非物质文化遗产价值评估的主要方法

目前，我国非物质文化遗产价值评估体系的构建研究相对薄弱。尹华光、彭小舟所撰写的《非物质文化遗产价值评估研究》，从定量与定性的角度分析了四大主要价值的指标要素，初步构建了非物质文化遗产价值评估指标体系，但该体系中仅有一、二级指

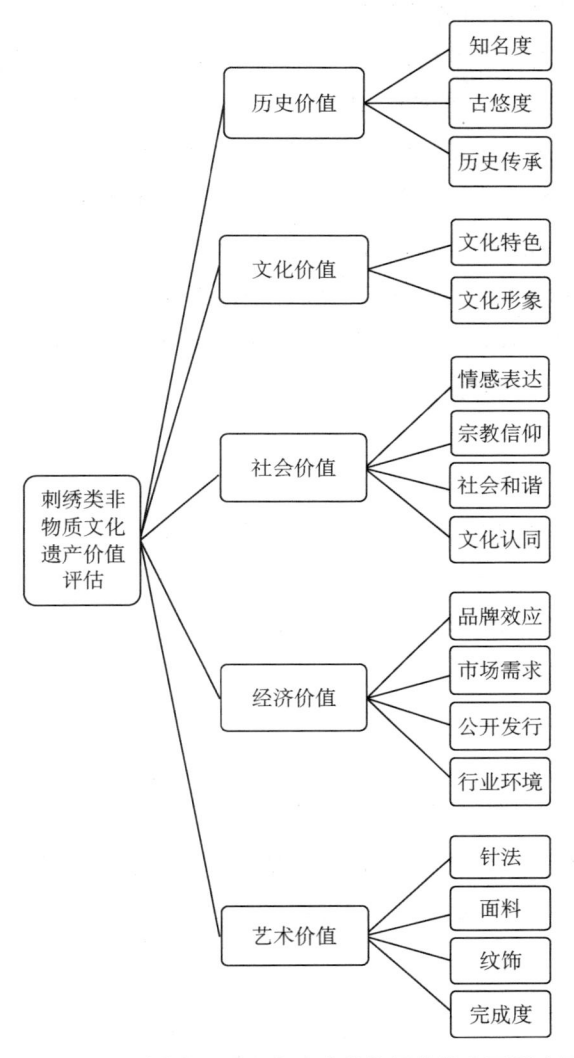

图 18-1 "刺绣类"非物质文化遗产价值评估的主要影响因素

标,缺乏三级评价因子作数据支撑,并且在问卷调查过程中,参与问卷的对象仅选取高校等各界的旅游专家,有很大的局限性。钱永平撰写的《非物质文化遗产的价值评估与保护实践》中,对"文化遗产主导者以自身观点、意愿决定文化遗产名录"提出了质疑,令人深思。钱永平从"本征价值"、主观价值与功能性价值等三方面对非遗价值进行了区分,为非物质文化遗产价值评估体系的构建提供了建设性的意见。

通过对国内外非物质文化遗产价值评估标准相关研究文献的阅读和分析,可以发现国内学术领域关于非物质文化遗产项目价值评估的研究已进行了部分尝试与努力,但暂未形成科学、系统且行之有效的评估体系。

（二）基于层次分析法的借鉴与改进

我国现有非物质文化遗产价值评估大多研究成果都是从非物质文化遗产某项具体的角度出发，如资源价值、旅游价值、开发价值等，极少从总体进行研究，没有形成科学合理的非遗项目价值评估体系。实际上非物质文化遗产研究不仅要从纵向、沿着历史的时间长河认识非物质文化遗产的历史价值、文化价值、精神价值这些历史性基本价值，而且还要从横向的角度、视野开阔地扫视宽广空间，认识非物质文化遗产的科学价值、和谐价值、审美价值这些共时性基本价值，纵横结合，时空交叉，立体地、全面地认识非遗的基本价值。综上所述，现有研究涉及非遗的价值评估体系建构仍在探索之中，缺少科学、简便、可操作性强的评价体系。

五、关键要点

（1）关键所在：掌握非物质文化遗产价值评估方法。

（2）关键知识：层次分析法。

（3）能力点：通过案例学习，了解如何对蜀绣价值进行估算，进而掌握非物质文化遗产价值评估的知识点。

六、结语

该案例以蜀绣为例，分析了"刺绣类"非物质文化遗产价值的主要影响因素，提出可以通过层次分析法对其进行估值，尝试探讨建立"刺绣类"非物质文化遗产价值评价体系，希望借此对我国非物质文化遗产的价值评估提供一些参考。

思考题

(1) 非物质文化遗产"刺绣类"价值较普通刺绣商品价值有何不同？

(2) 如何能够更好地降低评估过程中的主观性判断？

(3) 对非物质文化遗产"刺绣类"价值造成较大影响的因素有哪些？

案例十九　农业文化遗产价值评估

一、案例背景

农业文化遗产主要是指人类与其所处环境在长期协同发展中创造并传承至今的独特农业生产系统。我国是一个农业大国,我国的农业文化遗产是农村与其所处环境在长期协同进化和动态适应下所形成的独特的土地利用系统和农业景观,这种系统与景观具有丰富的生物多样性,是有生命的,其中农作物、牲畜、农业活动是我国农业文化遗产的重要组成部分。农业文化遗产是我国主要的国民财富之一,渗透了几千年来人与自然和谐共处的知识和技术,是自然与文化的结晶。

农业文化遗产与其他文化遗产不同,农业文化遗产作为一种农业生态系统反过来可以满足当地社会经济与文化发展的需要,有利于促进区域可持续发展,对人类未来的生存和发展具有重要影响。科学合理地评价农业文化遗产价值,进一步做好农业文化遗产的保护、有序开发、传承和利用,努力实现遗产地文化、生态、经济、社会全面协调可持续发展,对促进农业可持续发展、带动遗产地农民就业增收、传承农耕文明、建设美丽乡村都具有非常重要意义。

本案例期望帮助读者熟悉农业文化遗产概况,了解农业文化遗产的主要特征以及目前农业文化遗产价值评估的主要方法,进一步探索和思考影响农业文化遗产价值的主要因素,并结合特定农业文化遗产的具体情况进行科学合理的价值评估。

二、资产评估资料

2010年6月,元阳梯田的"哈尼梯田稻作系统"被联合国粮农组织正式列入全球重要农业文化遗产。2013年6月22日,在柬埔寨首都金边举行的第37届世界遗产大会上,云南红河元阳哈尼梯田文化景观被列入联合国教科文组织世界遗产名录,由此哈尼梯田成为我国第45处世界遗产。根据有关资料,红河哈尼梯田已有1 300多年的耕种历史,红河哈尼梯田文化景观是当地居民在长期的生活生产中创造出来的,当地居民在促进红河哈尼梯田重要农业文化遗产的可持续的发展上作出了重大贡献。

(一) 红河哈尼梯田概况

1. 红河哈尼梯田的生态价值

红河哈尼梯田分布于云南红河南岸的元阳、红河、金平、绿春四县的崇山峻岭中,面积约18万公顷(1800平方千米),依山造田,最高垂直跨度为1500米,最大坡度为75度,最大田块面积为2828平方米,最小田块面积为1平方米。哈尼梯田涵养水源的能力为 5 050 m^3/hm^2,水质随海拔降低呈现"好—差—好"的垂直特征,这个变化过程反映了梯田湿地对污染物的强有效的降解作用,进入梯田的污染物的浓度随海拔降低呈指数级下降。红河哈尼梯田主体结构如图19-1所示。

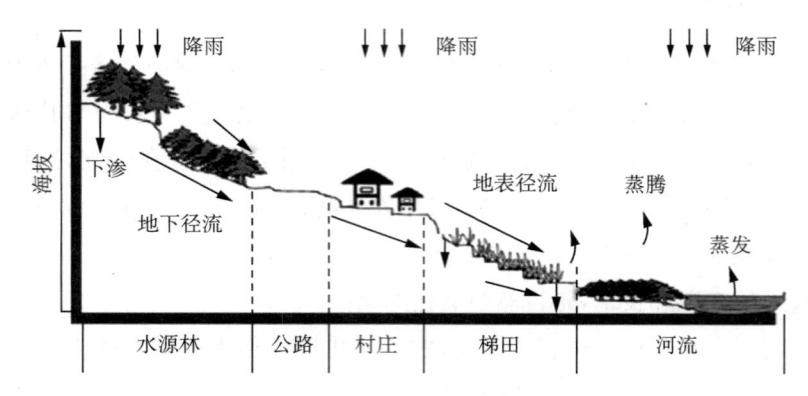

图 19-1 红河哈尼梯田立体结构图[①]

红河哈尼梯田养育着哈尼族等10个民族约126万人口,哈尼梯田地区深厚的历史底蕴促使当地居民在长期的生产生活中有着强烈的认同感和依赖感。在漫长的历史长河中,哈尼族崇尚以"寨神林"为核心的传统森林保护理念,体现了哈尼地区居民对梯田地区自然资源的保护意识,"森林在上、村寨在中、梯田在下,水系贯穿其中"是梯田的主要特征,这为梯田提供了丰富水源,使这里的自然生态系统保存良好。正是由于居民对哈尼梯田的认同感和依赖感越来越强烈,促使居民在长期的劳动生产中不断创造发明各种适合本地区的农业技术,哈尼族创造发明的"木刻水分"和水沟冲肥,利用发达沟渠网络将水源进行合理分配同时,也为梯田提供充足肥料。哈尼梯田湿地是人工稻田湿地的杰作,是梯田中的典范。在长期的耕作过程中,哈尼人在梯田上构建了以种水稻为主的复合生态系统。

2. 红河哈尼梯田的经济价值

红河哈尼梯田地区主要隶属于元阳县地区,是梯田的核心区,元阳县位于云南省南部、红河哈尼族彝族自治州南部,全县总面积为2212.32平方千米,境内有19万亩(约

---

① 李荣,宋维峰.哈尼梯田生态系统土壤微生物量碳的影响因素[J].生态学报,2020,40(17):6223-6232.

126.67平方千米)哈尼梯田,被誉为"梯田故乡"。2016年,元阳县实现农业总产值20.52亿元、农村经济总收入37.01亿元,分别是2012年的1.35倍、2.08倍。

元阳县的乡村人口占人口总数的绝大多数,居民主要以农业生产为主。元阳县大部分居民生活依赖于梯田,2016年,元阳县种植梯田红米6 006.67公顷(60.066 7平方千米),总产量为3.15万吨,产值达2.2亿元。2016年,元阳县通过淘宝、京东、龙润集团、有赞、微信公众号、彩云优品、雅购供销M商城、元阳商城等20多家网络销售红米产品,元阳梯田红米走进超市、融入互联网,畅销北京、上海等各大城市,实现红米交易额2 100多万元。

元阳县是世界文化遗产红河哈尼梯田文化景观的核心区,被列为全国重点文物保护单位,入选中国十大魅力湿地,主要旅游景区有箐口民俗村、坝达景区、多依树景区、老虎嘴景区、猛弄土司署等。哈尼梯田门票价格如表19-1所示。

表19-1 哈尼梯田门票价格

门票种类	当天票	多天通票(有效期10天)	年票(有效期1年)
门票景点	箐口民俗村、老虎嘴景区、坝达景区	箐口民俗村、老虎嘴景区、坝达景区、多依树景区	箐口民俗村、老虎嘴景区、坝达景区、多依树景区
票价(全价/半价)	100元/50元	180元/90元	360元/180元

哈尼梯田的旅游旺季是7~9月,这个时间段正值学生暑假期间,是旅游人数高峰期。相比暑期时期的旺季,哈尼梯田真正适宜观景的时间为当年11月至次年4月,尤其是1~2月,春节前后经常有云海出现,元宵节前后野樱花、野木棉花、野桃花和棠梨花盛开,这时梯田的景色优美,是摄影的最佳时期。2016年,元阳县全县接待中内外游客220.64万人次,比2015年增长38.6%,实现旅游总收入30.2亿元,比2015年增长44.9%。

元阳县有着丰富的旅游资源,哈尼梯田成为世界文化遗产后,有利的条件和优势十分理想,哈尼梯田可以凭借世界农业文化遗产这张名片走出云南走向世界。旅游业的快速发展,可以促进当地经济的快速增长。当地居民对文化遗产地的认可感、依赖感以及在旅游发展中的参与度可以直接影响当地旅游业前景,所以说当地居民在旅游业发展的作用不容小觑。

(二)当地居民状况

1. 当地居民收入情况

红河哈尼梯田的核心地区主要隶属于元阳县,数据主要来自元阳县。首先,从人口方面来看,元阳县辖南沙、新街2个镇和嘎娘、上新城、小新街、逢春岭、大坪、攀枝花、黄茅岭、黄草岭、俄扎、牛角寨、沙拉托、马街12个乡,有134个村民委员会,4个社区居民委员会,1 245个村居民小组。2016年年末,全县户籍总人口为44.76万人,其中,乡村人口40.75万人,占91.04%;城镇人口4.01万人,占8.96%。全县总人口中少数民族人口为40.03万人,占总人口的89.43%;汉族人口为4.73万人,占总人口的10.57%。元阳县乡村、城镇人口占总人口比重如图19-2所示,元阳县少数民族、汉族人口占总人口比重如图19-3所示。

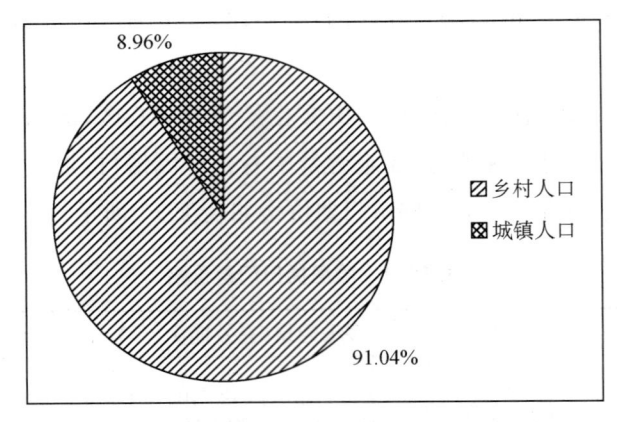

图19-2 元阳县乡村、城镇人口占总人口比重图

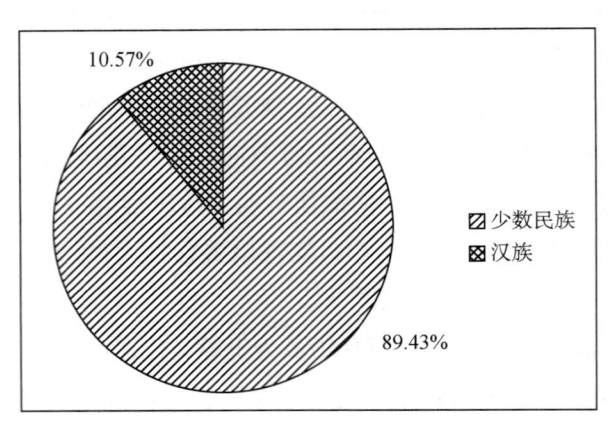

图19-3 元阳县少数民族、汉族人口占总人口比重图

由图19-2、图19-3可见,元阳县全县乡村人口、少数民族人口占总人口的绝大多数。

其次,从全县经济总量来看,2016年,元阳县完成经济总产值40.73亿元,其中第一产业12.29亿元,第二产业12.03亿元,第三产业16.41亿元,全县人均生产总值达到9 911元。可见,第三产业越来越成为推动元阳县经济发展的支柱力量。

最后,从人均收入来看,2016 年,元阳县城镇常住居民人均可支配收入为 26 147 元;农村常住居民人均可支配收入为 7 131 元。不难看出,居民的收入普遍偏低,尤其是农村人口的可支配收入非常低。目前,元阳县旅游业正在发展中阶段,但是旅游发展对居民收入并没有较大促进作用。

2. 当地居民主要收入来源

农业文化遗产哈尼梯田核心区居民主要从事行业统计如图 19-4 所示。红米是红河哈尼族彝族自治州元阳县的特产,农户一直有在梯田上种植红米的农业生产习惯。哈尼梯田的红米,与普通稻米相比产量低,但是营养价值很高,尤其微量元素十分丰富,富含人体所需的 18 种氨基酸,人体所不能合成的 8 种氨基酸中,哈尼梯田红米中就有 7 种。哈尼梯田红米的价格是普通大米的十倍左右。2016 年年末,元阳县实现红米总产量 28 100 吨,产值为 1.68 亿元,然而红米亩产值仅为 2 000 余元,红米作为特色农产品收益较低。

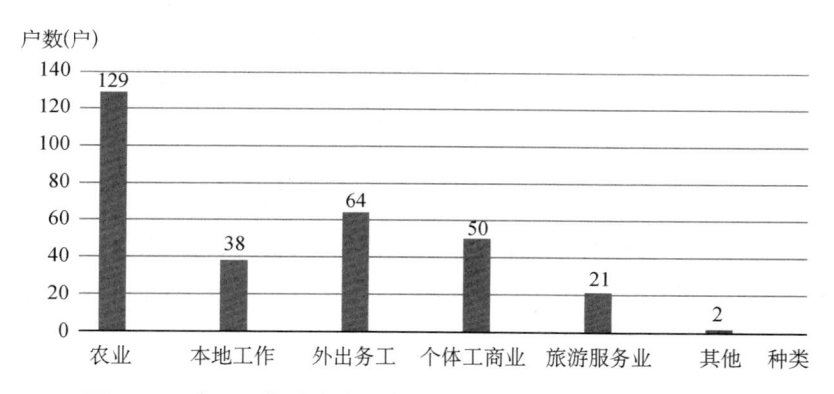

图 19-4 农业文化遗产哈尼梯田核心区居民主要从事行业统计

(数据来源:2017 年对元阳县 19 个村庄 217 户居民的调查问卷。)

元阳县农村人口占总人口九成以上,绝大多数人居住在农村,收入主要来源于农田。如图 19-4 所示,调研的 217 户居民中有 129 户从事农业生产,外出务工的居民比在本地工作多。目前,区域间的交流日益增加,加上人们对于低生活水平的不满,年轻劳动力开始离开家乡去找有更高收入的工作,遗产地的青壮年劳动力外出打工已成为较普遍的选择,因此,遗产地农村的年轻劳动力的主要收入不是来自稻田,而是靠外出务工。随着城镇化和农业产业化的发展,水稻种植和维护的劳动力短缺,多年以后很有可能造成稻田荒芜、景观和现有生态系统将消失改变,传统文化系统将被打破。因此,维持哈尼族人民通过生态系统方式继续种植农作物是保护哈尼梯田的核心。

3. 居民受教育水平

截至 2014 年,元阳县居民平均受教育年限为 5.5 年,根据我国九年义务教育来计算元阳县居民受教育水平仅停留在小学阶段,国家九年义务教育并没有得到实现。2016年,红河州个旧、蒙自、建水、弥勒4个县(市)义务教育基本通过国家评估,但元阳县的义务教育问题依然没有得到有效的解决。农业文化遗产核心区居民对哈尼梯田的认识如图19-5所示。

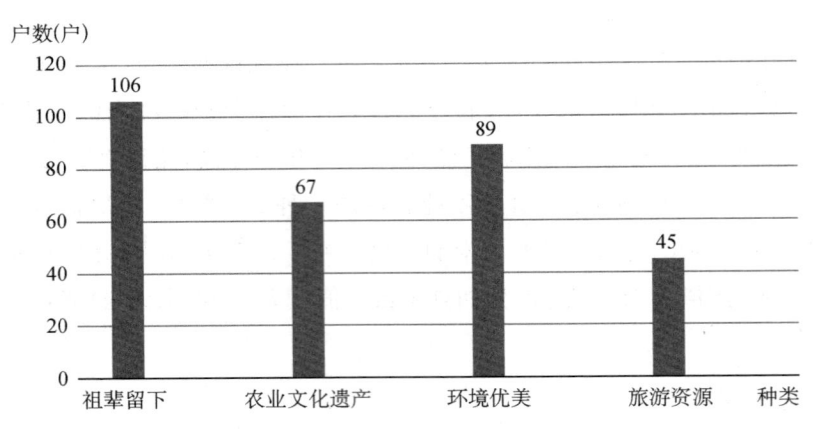

图19-5 农业文化遗产核心区居民对哈尼梯田的认识

祖辈留下:106;农业文化遗产:67;环境优美:89;旅游资源:45

(数据来源:2017年对元阳县19个村庄217户居民的调查问卷。)

2016年,元阳县推进元阳教育振兴金秋行动计划,落实红河州南部地区农村户口高中学生免学费、义务教育中小学生营养改善计划和义务教育经费保障等政策,累计投入教育经费和补助资金1.25亿元。政府投入1.57亿元实施"全面改薄"、思源实验学校、上新城中学搬迁等项目124个。

4. 目的地居住年限

一个地区随着旅游业的发展,会吸引越来越多的外来人口。人们来到此处的目的不尽相同,有外地的商人,看重此地旅游业发展为自己谋利;有年过半百的老年人,看重此处自然风光颐养天年;还有旅游摄影爱好者等。来自四面八方的人口带来不同地域的文化特色,一方面可以丰富当地的文化内涵,另一方面当地的民族文化也面临着风险。外来人口的居住目的和年限与当地人有很大不同,所以研究目的地居民的居住年限对红河哈尼梯田价值评估有着重要的影响。

三、分析思路

哈尼梯田作为农业文化遗产,区别于文化遗产,由于其特殊性,更加强调人与自然的关系问题,居民地方感与遗产地的可持续发展密切相关,所以基于传统的文化遗产的评估方法在评估农业文化遗产时应重点考虑居民地方感因素,在原公式的基础上重点突出梯田可持续发展能力对梯田品牌价值贡献,改进后的计算公式为:

$$E = \sum_{i=1}^{n} \{RI_i \times \max(T)_i \times Q_i \times K_i\}$$

居民地方感与哈尼梯田价值关系如图 19-6 所示。

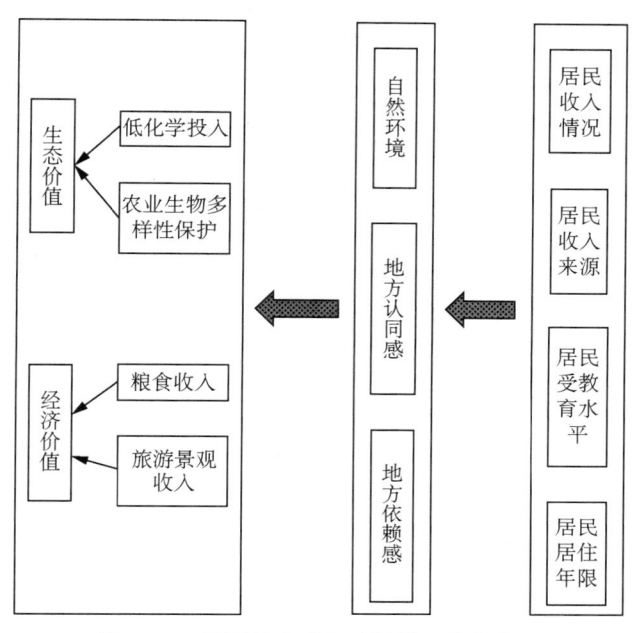

图 19-6 居民地方感与哈尼梯田价值关系

四、理论依据

(一) 农业文化遗产价值评估的主要方法

张红霞等[①](2011)以世界遗产宏村为例,进行了基于 TCM 的旅游资源游憩价值评估。旅行成本法(TCM)作为经典的评估方法,TCM 模型是从消费者的角度出发,以旅游者的支付意愿作为旅游资源游憩价值评估的基础,采用成本—效益分析(cost-benefit analysis)中的消费者剩余理论计算旅游资源的游憩价值。张维亚等[②](2012)借助条件评估法(CVM),采用的问题方式为二项选择法要求回答者透露是否愿意支付假设的价格,来衡量世界文化遗产南京明孝陵的经济价值。苏琨[③](2014)介绍了旅行成本法、条件评估法和最大品牌权益法,并将三种方法实际应用于秦始皇陵,评估其价值并分别得

---

① 张红霞,苏勤.基于 TCM 的旅游资源游憩价值评估:以世界文化遗产宏村为例[J].资源开发与市场,2011,27(1):90-93.
② 张维亚,陶卓民.CVM 在文化遗产经济价值评估中的应用:以南京明孝陵为例[J].社会科学家,2012(10):78-82.
③ 苏琨.文化遗产旅游资源价值评估研究[D].西安:西北大学,2014.

到相应价值数据。游巍斌等[①](2014)基于条件价值法对武夷山风景名胜区受访者支付意愿与遗产价值资源非使用价值进行评估。文化遗产价值评估方法总结如表19-2所示。

表19-2 文化遗产价值评估方法总结

评估方法名称	评估方法内涵	评估方法优缺点
直接市场评估法	直接运用门票价格评估文化遗产价值	数据易得,不需要实地调查;缺点是价值评估片面化
间接市场评估法	通过问卷调查统计文化遗产地旅游者的旅行费用情况	评估结果有一定参考价值;缺点是没有体现文化遗产内在价值
虚拟市场评估法	又称意愿价值评估法,从消费者角度出发,对消费者直接调查,以旅游者的支付意愿作为价值评估基础	是目前评估文化遗产最成熟的方法;缺点是只考虑消费者因素,对于农业文化遗产而言,忽略当地居民的作用

(二)基于品牌价值评估方法的借鉴与改进

品牌对于企业发展而言非常重要,事实上,对于农业文化遗产地来说树立品牌意识同样意义重大。因此,品牌价值法同样适用于评价农业文化遗产的价值。农业文化遗产通常在经济相对不发达的农村,品牌意识在这些地区意识淡薄。农业文化遗产相对于其他文化遗产,如故宫、长城等,更不为人们所熟知,品牌价值观念对于旅游业发展十分重要。当地居民对于品牌的塑造和维系即当地居民在农业文化遗产地保护利用中的作用,可以反映出农业文化遗产的内在动力,决定了品牌影响力和品牌内在价值。改进后的品牌价值法不仅能反映出农业文化遗产对于游客有价值,而且能反映出农业文化遗产对当地居民有价值。

基于品牌获取溢价能力为基础的分层次测评方法及公式如下:

$$E_{ic} = \sum_{i=1}^{n} \frac{(E_{it} \times Q_{it})}{(1+r)^t}$$

其中:E_{ic}——第 i 种品牌在第 C 类产品市场中创造的价值。

E_{it}——在该产品类别中第 t 期第 i 种品牌的溢价。

Q_{it}——同期的销售量。

r——贴现率。

n——计算的有效期。

景区品牌权益大小取决于旅游者愿意为此品牌支出的溢价大小和旅游者偏好程

---

① 游巍斌,何东进,洪伟,等.基于条件价值法的武夷山风景名胜区遗产资源非使用价值评估[J].资源科学,2014,36(9):1880-1888.

度,用公式表达如下:

$$RI = EP \times SP$$

其中:RI——旅游景区的品牌权益。

EP——旅游者愿意为此景区品牌支出的溢价。

SP——旅游者偏好程度。

胡北忠[①](2005)提出旅游景区品牌价值评估方法,认为最大品牌权益法能反映品牌价值的来源,突出旅游者对景区品牌的价值贡献,计算公式为:

$$E = \sum_{i=1}^{n} \{\max(RI)_i \times T_i \times Q_i \times K_i\}$$

五、关键要点

(1) 关键所在:掌握农业文化遗产价值评估方法。

(2) 关键知识:品牌价值法。

(3) 能力点:通过案例学习,了解如何对红河哈尼梯田价值进行估算,进而掌握农业文化遗产价值评估的知识点。

六、结语

该案例以红河哈尼梯田为例,探索和思考影响农业文化遗产价值的主要因素,通过运用品牌价值法对红河哈尼梯田进行估值,验证此估值方法是否可行,希望借此对我国农业文化遗产的价值评估提供一些借鉴。

? 思考题

(1) 农业文化遗产与森林资源资产有什么联系与区别?

(2) 农业文化遗产价值评估中最重要的影响该项资产价值的因素是什么?

(3) 基于农业文化遗产价值评估,如何开发与利用农业文化遗产并更有效地促进当地经济发展?

---

① 胡北忠.基于旅游者的旅游风景区品牌价值评估[J].江西财经大学学报,2005(2):59-61.

案例二十　网络直播企业数据资产价值评估

一、案例背景

映宇宙平台是中国领先的互动社交平台。2015年5月,映客直播(映宇宙平台前身)的上线,开创了国内移动直播潮流;2018年7月,成立仅3年的映客直播公司即在中国香港成功上市,成为港交所第一个上市的娱乐直播企业。映客直播为用户提供多种类型的直播频道,包括全民直播、明星直播、综艺直播等。映客直播不断深耕音视频领域,上市后围绕"矩阵式产品"战略进行集团化发展布局。基于成熟的产业中台系统,针对众多垂类市场和人群需求,映客直播陆续孵化出《积目》《对缘》《超级喜欢》等多款现象级产品,构建起丰富的社交产品矩阵,业务覆盖直播、相亲、社交三大板块,打通线上线下多元场景,布局海外市场,从单一产品转型为矩阵式产品带动业绩增长的运营模式。公司不断地用"直播+赋能"业务,开拓了包括直播相亲等全新的业务,并在2022年6月由映客直播升级为映宇宙集团(以下简称映宇宙),旨在基于全新技术形态,创建现实与虚拟相结合的多维社交矩阵。除此以外,映宇宙还加速了业务的全球化转型,面向东南亚、欧美等国家和地区推出多款产品,覆盖社交、阅读、游戏等细分赛道,并取得积极成果,形成优质增长曲线。海外业务的快速发展,得益于广阔的市场空间。在中东、东南亚等发展中地区,消费者的社交需求呈现爆发态势。

映宇宙积极发掘互动社交领域细分赛道需求,持续打造全场景产品矩阵;直播业务方面,在主播孵化和成长体系等部分更加精细化;同时,签约数字代言人映映,尝试虚拟直播等新业态,各项业务均展示出强韧的适应力和创新引领力。根据中国互联网协会发布《中国互联网企业综合实力指数(2022)》,映宇宙位列"2022年中国互联网企业百强榜单"第43位。

映宇宙现阶段的业务主要分为三大板块,分别是直播、相亲、社交。其中,公司的业务围绕互动社交这一核心方向,将相亲和社交作为"直播+"的形式,进一步拓展直播板块,也借直播这一传统业务来开发新业务,创建现实与虚拟相结合的多维社交矩阵。映宇宙的数据资产主要来源于企业的三大板块业务。目前,映宇宙经营状况良好,数据资产规模可观,评估数据可获得,成长潜力较大。

二、资产评估资料

（一）映宇宙数据资产分类

1. 内容型数据

映宇宙的定位是泛娱乐直播平台，直播具有娱乐和社交的属性，致力于为用户打造更为多元的、沉浸式的互动社交产品体验。因此，映宇宙讲究多方位、全场景发展，其直播范围非常广泛，包含娱乐直播、秀场直播和游戏直播等。随着直播行业市场竞争愈发激烈，映宇宙开始寻求其他发展方式，引进了社交和相亲等业务。这两类业务本质上还是直播，即通过直播进行社交、相亲，属于"直播+"的内容。因此，映宇宙的内容型数据主要是指主播在平台上直播的内容，而种类繁多的直播形式则为其带来了琳琅满目的内容型数据。

2. 交流型数据

用户在进入映宇宙直播间后，可以通过评论弹幕或点赞的方式对主播进行提问或其他形式的互动，且可以借助直播间下方的对话框发表文字和表情符号等内容，与主播和其他用户达成互动，进行社交。除此之外，映宇宙直播平台还上线了连麦功能，用户可以用连麦方式与主播进行语音互动。此类信息数据为用户与主播、用户间的交流型数据。

另外，用户与平台之间的互动也会形成交流型数据。映宇宙直播平台为提高用户活跃度及丰富盈利模型，设置了用户任务，用户可通过完成任务来获得经验值和升级，进而与主播得到更多交流机会。用户还会在平台进行消费，如充值以获得"贵族"身份赚取积分，在直播群内得到更多认可度。在做任务和消费等过程中，用户对平台的询问等沟通交流使其能获取用户的反馈信息及需求信息，从而形成第二类交流型数据。

3. 交易型数据

映宇宙的盈利模式包括会员付费收入、打赏收入、社交收入、游戏联运收入和广告收入等。创造收入的过程中必定有交易型数据的产生，企业可以通过用户的消费活动了解他们的偏好、产品服务可接受价格、购买次数等信息。映宇宙通过对交易型数据进行分析，围绕用户的需求逐步提升其消费体验，优化对产品服务的营运能力。

4. 合作型数据

映宇宙通过与婚介公司、电视台、选美主办方等进行战略合作，举办相亲交友、盛典及选美比赛等活动，通过直播的形式转播活动进程，借此来提高平台知名度并获得更多收益，也推进了其多元化的战略布局。在此类活动中，映宇宙能够获得合作型数据，有助于了解用户的参与意愿，从而更好地作出决策，选择合作方。

（二）映宇宙数据资产相关数据

1. 活跃用户数

映宇宙历年月平均活跃用户数情况如图 20-1 所示。

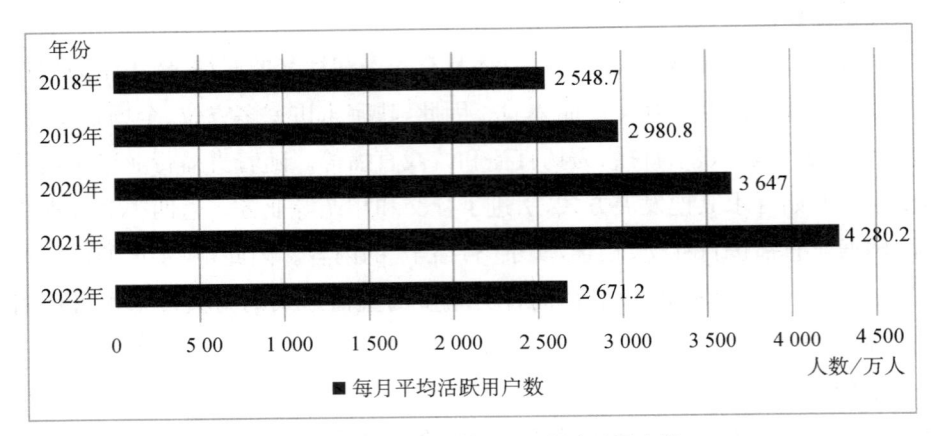

图 20-1 映宇宙历年月平均活跃用户数

2. 收入成本

映宇宙收入、销售成本、利润变动情况如图 20-2 所示。

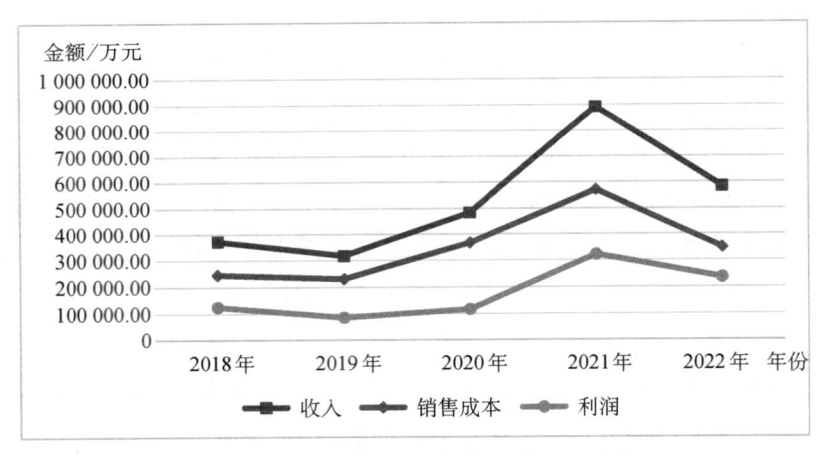

图 20-2 映宇宙收入、销售成本、利润变动情况

3. 研发开支

映宇宙研发开支变动情况如图 20-3 所示。

（三）资料来源

1. 数据来源

映宇宙公司官网：https://ir.inkeverse.com/sc/ir_reports.php。

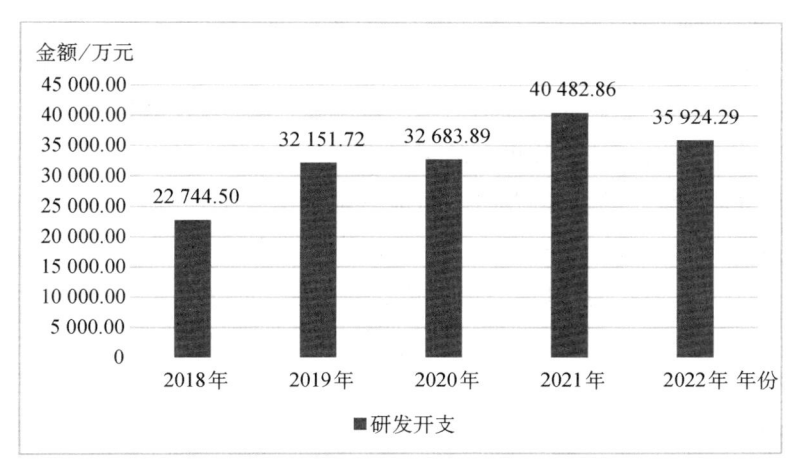

图 20-3 映宇宙研发开支变动情况

2．理论来源

《数据资产评估指导意见》(中评协〔2023〕17 号)。

三、分析思路

网络直播行业迅速崛起并发展壮大,与传统的行业相比有较为显著的差异,而数据资产作为特殊的无形资产,其估值方法也与其他典型的资产有所差别,通过对传统评估方法进行适用性分析,可以发现现有的评估方法无法完全适用于网络直播企业数据资产的价值评估。基于上述分析,考虑到不同情景下网络直播企业数据资产价值的不同,本案例将情景分析法与使用 CVBC 模型优化后的多期超额收益法结合运用,既能够充分贴合网络直播企业的特征,又有助于降低用户注意力带来的数据资产发展不确定性,提高评估模型的科学性。

(一) 情景分析法的引入

网络直播企业收获客户的本质是吸引用户的注意力和占据用户的使用时间,当用户兴趣发生改变,注意力也会发生转移,用户数量将受到影响,从而影响企业的发展。用户注意力的分配,长期与短期的用户偏好情况以及用户的情感属性,均会影响企业数据资产的形成与积累,从而影响产品的收入。由于用户注意力的易分散性,该指标的使用带来了极大的不确定性。

用户注意力为网络直播企业提供了具备权威性的数据资产,此类数据资产具有多变性且未来发展情况难以确定的特点,是一种发展过程中影响因素较多的资产类型,这些影响因素之间有着相互制约和影响的关系。特别是该类企业的数据资产包含了大量与用户注意力相关的数据资源,共享性的特点使其拥有丰富多元的应用场景,致使其同样具有较大的不确定性。

若选择传统的评估方法,基于单一情景对网络直播企业数据资产价值进行评估,很可能因为不确定性这一问题导致评估结果出现偏差,使其大打折扣,因此,我们需要引入情景分析法。情景分析法是从现在的不确定性条件出发,对未来的可能状态作多重描述,充分考虑未来发展的多种可能情景,能够辅助消除单一情景预测等不足,使得评估结果更具有科学性。由于用户注意力带来的不稳定性影响,在评估未来发展不明确的网络直播企业数据资产时,其价值很有必要结合多情景分析,将不确定性和灵活性结合考虑,通过在不同情景作出决策,以降低未来不确定性,提高资产评估的合理性与准确性。

(二)多期超额收益法的优化

网络直播企业主要依赖于用户注意力的分配与留存,通过分析可知价值转化的逻辑是"用户注意力→数据资产→分析利用→业务收益→企业价值"。

分析可知,用户注意力为企业创造了大量的数据资产,未来能够带来长期的收益,再加上目前未能很好地解决其他评估方法受到的限制问题,故收益法较为适合数据资产价值评估。但用户注意力自身的不稳定性部分限制了传统收益法的模型使用,以及数据资产与传统的无形资产存在较大的差异,其价值易变性等多样复杂的特点导致现阶段尚未建立完善的管理标准,特别是在财务会计体系中,未能成为列示于报表的资产,这导致了评估人员较难直接得到其对应的贡献部分,因此需要对收益法进行修正。通过对常见的无形资产价值评估方法进行选择分析,结合价值转化的逻辑,本案例选取了超额收益法,在企业收益的基础上,对企业各资产的贡献进行剥离,从而间接得到数据资产的贡献收益。此外,考虑到数据资产具有共享性与增值性的特点,对企业的贡献不止单期,而是在一定的期间内,故本案例在超额收益法的基础上,选择了多期超额收益法。

在使用多期超额收益法对企业自由现金流进行分析预测时,考虑到用户注意力对网络直播企业数据资产的影响,本案例选择引入CVBC模型,以提高与企业特点的贴合度。网络直播企业主要是通过用户投放注意力,进行打赏,结合广告、流量变现等方式来获取收益,高度依赖用户资源,依靠用户数量驱动企业效益增长,获得的用户注意力越多,企业在市场所占的份额就会越多。当市场竞争加大,平台效益下降,企业会对用户注意力的转移数据信息进行分析,对其服务进行场景化创新,进而提高收益。由此可见,网络直播企业业务产生的收益均与用户相关,用户掌握了网络直播企业产品与服务的使用权。

根据对各方法的分析,可以得到案例的评估步骤,评估步骤分析流程如图20-4所示。

```
┌─────────────────┐    ┌─────────────────┐    ┌─────────────────┐
│ 识别关键影响因素及排序 │    │  构建情景框架    │    │ 各情景的数据资产价值 │
│ （财务和非财务因素 ├───→│ （未来用户注意力发展├───→│ 计算（多期超额收益法与│
│ ——灰色关联度分析）│    │ ——高、中、低三情景）│    │   CVBC模型结合）  │
└─────────────────┘    └─────────────────┘    └─────────┬───────┘
                                                         │
┌─────────────────┐    ┌─────────────────┐              │
│ 数据资产综合价值计 │    │ 确定相应的情景概率│              │
│ 算（根据情景概率加 │←───│ （历史财务信息分析法│←─────────────┘
│    权汇总）      │    │   和研报评级法）  │
└─────────────────┘    └─────────────────┘
```

图 20-4　评估步骤分析流程

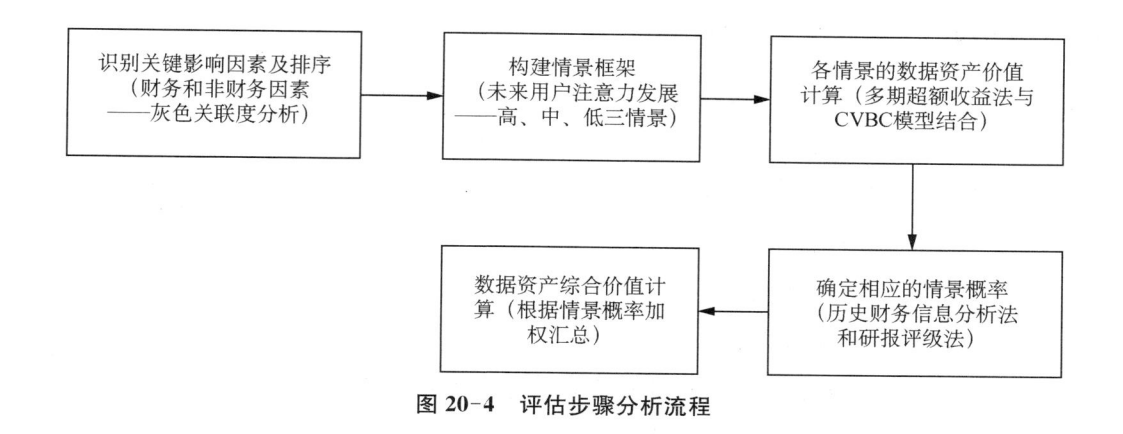

四、理论依据

（一）情景分析法

情景分析法是根据事物多种不同的发展趋势，对该事物的影响因素进行分析研究，定性与定量相结合，再通过预测未来等方式生成多种可能的情景，并对情景进行分析的一种方法。该方法常与其他方法结合使用，属于辅助性方法，可以弥补使用其他方法时未进行多种可能预测的缺陷。情景分析法的特点决定了该方法的适用对象，主要适用于具有不确定性的长期情景，还适用于缺乏数据或者数据不全面不完整的情况。在国内的研究中，该方法常用于能源经济、环境预测、交通运输等领域。

情景分析法的应用可按照以下步骤：①确定预测主题。我们需要先明确分析的主题，了解企业的背景、目的以及相关信息。②分析内部影响因素。内部因素对于数字资产的发展具有重要影响，可以对该部分因素对应不同情景进行预测。③确定情景的关键外在驱动力量。影响项目的外部因素一般有宏观政策、相关法律法规、行业技术手段等。而我们可以通过搜集相关数据和访谈等手段，再利用德尔菲法、波特五力模型等方法确定外部因素。④构建情景框架。确定影响因素后，需要对它们按照重要性和不确定性进行排序，形成情景框架以及具体的情景。⑤预测不同情景的对应概率。通过对不同情景进行分析研究，使用恰当的方法确定概率，确定概率的方法一般有概率树法、交叉影响分析法等。⑥运用情景内容。分析情景内容以及其具体含义，并进行运用。

（二）多期超额收益法

多期超额收益法的评估思路是先测算数据资产与其他相关贡献资产共同创造的整体收益，在整体收益中扣除其他相关贡献资产的相应贡献，将剩余收益确定为超额收益，并作为目标数据资产所创造的收益，再将收益采用适当的折现率转换成现值，或者运用一个资本化倍数，将恒定的超额收益进行资本化，以获得数据资产价值。

多期超额收益法的计算公式如下：

$$V = \sum_{t=1}^{n} \frac{(E - E_c - E_f - E_i)}{(1+i)^t}$$

其中：V——被评估数据资产的价值。

E——企业自由现金流。

E_c——流动资产的贡献值。

E_f——固定资产的贡献值。

E_i——除数据资产以外的其他无形资产的贡献值。

i——被评估数据资产的折现率。

n——被评估数据资产的收益期限。

（三）CVBC 模型

CVBC 价值评估模型是一种基于客户生命周期价值理论，将财务数据和用户价值相结合再折现的客户价值评估方法。传统的 CVBC 模型的具体公式如下：

$$V = \sum_{k=1}^{\infty} \frac{n_k}{(1+i)^k} \sum_{t=k}^{n} m_t \frac{r^{(t-k)}}{(1+i)^{(t-k)}} - \sum_{k=1}^{\infty} \frac{n_k c_k}{(1+i)^k}$$

其中：m_t——用户单位价值贡献。

n_k——第 k 期企业获取的新用户数量。

r——用户保持率。

c_k——企业获取新用户需要付出的成本。

k——特定的时间点。

i——折现率。

n——计算的时间段数量。

t——时间点。

五、关键要点

（1）关键所在：通过本案例学习，掌握网络直播企业数据资产的分类、特征及主要价值影响因素。

（2）关键知识：数据资产价值评估方法较多，多用传统评估方法和数学模型结合，本案例主要学习多期超额收益法结合情景分析法的应用。

（3）能力点：通过案例学习，掌握多期超额收益法与情景分析法的结合、构建情景，能计算出各情景概率及数据资产的超额收益，从而能够准确评估数据资产价值。

六、结语

该案例以映宇宙数据资产相关财务数据为依据,基于情景分析法,结合采用CVBC模型优化后的多期超额收益法,构建评估模型,对映宇宙数据资产价值进行评估,读者可以了解情景构建及概率测算过程,学习计算数据资产的超额收益,掌握相关方法及理论知识。

思考题

(1) 如何利用数据资产价值分析促进对数据资产的管理和价值挖掘?

(2) 在进行数据资产价值评估时,应如何进行未来情景划分以及提高情景概率计算的准确性?

(3) 数据资产价值评估中如何提高多期超额收益法的合理性?请进一步探索准确剥离各类资产超额收益的方法。

案例二十一　资产评估报告

一、案例背景

A集团股份有限公司拟进行重大资产重组，B资产评估有限责任公司接受委托对重组方案涉及的标的公司AIF的股东全部权益价值进行评估，为上述经济行为提供专业意见。

本案例因数据脱敏需求，部分不影响评估报告出具的信息均隐藏处理。

二、资产评估资料

（一）相关信息

1. 委托方及被评估方概况

1）委托方概况

名称：A集团股份有限公司

住址：××市××区××大道×号××广场×栋×层

法定代表人：×××

注册资本：×××元人民币

成立日期：19××年××月××日

公司类型：股份有限公司（上市）

2）被评估方概况

名称：AIF公司

住址：开曼群岛

注册资本：50 000美元，分为49 990股A类普通股（面值为1美元）和10股B类普通股（面值为1美元）

公司类型：豁免有限责任公司

注册号：××

成立日期：20×6年××月××日

经营范围：公司可从事未被法律所禁止的任何业务。

2. 评估对象

评估对象是 AIF 公司在评估基准日的股东全部权益价值。

3. 评估范围

评估范围是 AIF 公司在评估基准日经审计后的全部资产与负债。在评估基准日，AIF 公司的资产包括流动资产、长期应收款、长期股权投资、可供出售金融资产、固定资产、无形资产、开发支出、商誉、长期待摊费用、递延所得税资产、其他非流动资产等，总资产账面价值为人民币 3 018 964.25 万元；负债包括流动负债和非流动负债，总负债账面价值为人民币 4 155.26 万元；净资产账面价值为人民币 3 014 808.99 万元。

合并口径下，AIF 公司在评估基准日总资产账面价值为人民币 728 079.66 万元；负债包括流动负债和非流动负债，总负债账面价值为人民币 135 873.55 万元，净资产账面价值为人民币 592 206.11 万元。

委托评估对象和评估范围与经济行为涉及的评估对象和评估范围一致。在评估基准日，评估范围内的资产、负债账面价值（人民币金额）已经过×××会计师事务所（特殊普通合伙）审计，并已出具无保留意见的审计报告。

4. 评估范围内主要资产情况

企业申报的纳入评估范围的主要资产包括：设备类资产、长期股权投资、无形资产等。主要资产的类型及特点如下：

1）设备类资产

（1）运输设备。企业运输设备为 1 架飞机及 3 辆汽车，其中飞机为 20×0 年 1 月购入的×××型二手飞机；汽车为当地牌照的车辆。车辆总体状况良好，截至评估基准日，车辆均正常使用。

（2）电子设备及其他。企业的电子设备及其他类型资产为位于租赁的各个办公场所的办公设备和家具等，主要包括：设备类服务器、交换机、电脑、打印机、投影仪、办公家具等，电子设备均购于 20×2 年至 20×0 年 6 月，截至评估基准日，设备使用状况良好。

2）长期股权投资

（略）。

3）无形资产

企业申报的账面无形资产主要包括企业资本化的知识产权、用户库、特许权及其他；账外无形资产包括商标、著作权、专利、域名和游戏著作权。

截至评估基准日，被评估单位及其子公司在美国共拥有 80 项登记的著作权、13 项正在申请阶段的著作权；在全球范围内共持有 600 个已注册/注册中商标和 200 个正在申请中的商标；拥有专利及专利申请 6 项、拥有 191 项域名以及 6 项收购或自研的游戏著作权。

4) 企业申报的其他表外资产情况

企业申报的表外资产为无形资产,详见以上企业申报的无形资产情况。

5) 引用其他机构报告结论所涉及的相关资产

本评估报告不存在引用其他机构报告的情况。

(二) 评估目的及价值类型

本案例的评估目的是 A 集团股份有限公司拟进行重大资产重组,B 资产评估有限责任公司接受委托对重组方案涉及的标的公司 AIF 的股东全部权益价值进行评估,为上述经济行为提供专业意见。

根据评估目的,确定评估对象的价值类型为市场价值。

(三) 评估基准日

本案例评估报告的评估基准日是:20×0 年 6 月 30 日。

(四) 评估方法的适用性分析

《资产评估执业准则——企业价值》规定,执行企业价值评估业务,应当根据评估目的、评估对象、价值类型、资料收集等情况,分析收益法、市场法和成本法三种基本方法的适用性,选择评估方法。对于适合采用不同评估方法进行企业价值评估的,资产评估专业人员应当采用两种以上评估方法进行评估。

本次评估选用的评估方法为:收益法、市场法。评估方法选择采用理由如下:

(1) AIF 为控股公司,其全资子公司为全球领先的游戏开发及运营公司。经过多年的经营,企业研发及运营游戏长期位于休闲社交棋牌类网络游戏排行前列。企业近年来保持良好的收益情况,拥有稳定现金流。由于其盈利模式成熟、稳定,资产配置合理,经营水平良好,盈利能力较强,预计能持续获得稳定现金流入,且收益和风险可以合理量化。

(2) 企业处于一个活跃的公开市场,经过甄别、筛选,评估人员在美国证券市场交易中发现与其相同或者相似的参考企业,并且能够收集到与评估相关的信息资料,同时这些信息资料具有代表性、合理性和有效性。

(3) 成本法是从资产的再取得途径考虑的,反映的是企业现有资产的重置价值。评估对象作为一家主营游戏的轻资产公司,人力资源、销售渠道、核心技术及竞争优势等商誉类无形资产对企业价值影响较大,采用成本法评估时难以逐一准确量化。

综上,本案例评估选择收益法、市场法。

(五) 评估测算过程

1. 采用收益法求取估价对象的价值

1) 收益法模型

本案例采用收益法中的现金流量折现法对企业整体价值评估来间接获得股东全部

权益价值。

企业整体价值由正常经营活动中产生的经营性资产价值和与正常经营活动无关的非经营性资产价值等构成。有关计算公式如下：

企业整体价值＝经营性资产价值＋溢余资产价值＋非经营性资产价值＋
单独评估的长期股权投资价值

股东全部权益价值＝企业整体价值－有息负债

其中，有息负债是指评估基准日账面上需要付息的债务，包括短期借款、带息应付票据、一年内到期的长期借款、长期借款及带有借款性质的其他应付款等。

经营性资产价值是指与被评估单位生产经营相关的，评估基准日后企业自由现金流量预测所涉及的资产与负债的价值。经营性资产价值的计算公式如下：

$$P = \sum_{i=1}^{n} F_i (1+r)^{-i} + \frac{F_n}{r(1+r)^n}$$

其中：P——评估基准日的企业经营性资产价值。

F_i——企业未来第 i 年预期自由现金流量。

F_n——永续期自由现金流量。

r——折现率。

i——收益期计算年。

n——预测期。

企业自由现金流量的计算公式如下：

企业自由现金流量＝息税前利润×(1－所得税税率)＋折旧与摊销－
资本性支出－营运资金增加额±其他

本案例使用收益法预测，对 AIF 及其控股子公司采用合并口径预测。这主要是因为 AIF 为控股母公司，主要资产为长期股权投资。AIF 旗下所有全资控股的长期股权投资单位均采用自上而下的统一管理体系。主要经营实体及游戏的主要策划管理中心均位于 AIF 公司所在国，其他公司分别负责游戏的研发、客服、经营、编程等，各控股子公司间业务结合紧密。此外，AIF 拥有其主要下属控股公司 100％股权。故评估人员认为 AIF 的管理较为紧密，可视作一个整体。因此，本案例评估采用合并口径下的收益法对 AIF 及其控股的长期股权投资单位进行预测。

2）预测期的确定

由于企业近期的收益可以相对合理地预测，而远期收益预测的合理性相对较差，按照通常惯例，评估人员将企业的收益期划分为预测期和预测期后两个阶段。

评估人员经过对企业未来经营规划、行业发展特点的分析，认为企业运营的休闲社交棋牌类网络游戏有着悠远的历史,因为其契合了棋牌类游戏的本性。在欧美市场,休闲社交棋牌类游戏主要分为电玩游戏机、Bingo游戏和棋牌类游戏。

3) 收益期限的确定

由于评估基准日被评估单位经营正常,并拥有持续研发的能力,没有对影响企业继续经营的核心资产的使用年限及对企业生产经营期限、投资者所有权期限等进行限定或者上述限定可以解除,并可以通过延续方式永续使用。故评估报告假设被评估单位评估基准日后永续经营,相应的收益期为无限期。

4) 净现金流的确定

预测期内每年企业自由现金流量的计算公式如下:

预测期内每年企业自由现金流量
=息税前利润×(1－所得税税率)+折旧及摊销－资本性支出＋营运资金追加额±其他
=营业收入－营业成本－税金及附加－期间费用(管理费用、销售费用)＋营业外收支净额－
　所得税＋折旧及摊销－资本性支出－营运资金追加额±其他

5) 终值的确定

收益期为永续,终值公式如下:

$$终值 P_n = R_{n+1} \times 终值折现系数$$

公式中 R_{n+1} 按预测末年现金流调整确定。具体调整事项主要包括折旧、资本性支出等。其中,资本性支出的调整原则是按永续年不在预测期末的规模上再扩大的条件下能够持续经营所必需的费用作为资本性支出。

6) 折现率的确定

按照收益额与折现率口径一致的原则,本次评估收益额口径为企业净现金流量,则折现率选取加权平均资本成本。加权平均资本成本的计算公式为:

$$WACC = K_e \times [E/(E+D)] + K_d \times (1-T) \times [D/(E+D)]$$

其中:E——权益的市场价值。

D——债务的市场价值。

K_e——权益资本成本。

K_d——债务资本成本。

T——被评估企业的所得税税率。

权益资本成本按国际通常使用的 CAPM 模型进行求取,公式为:

$$K_e = r_f + MRP \times \beta + r_c$$

其中:r_f——无风险利率。

MRP——市场风险溢价。

　　β——权益的系统风险系数。

　　r_c——企业特定风险调整系数。

　　7) 溢余资产价值的确定

　　溢余资产是指与企业收益无直接关系的，超过企业经营所需的多余资产，主要包括溢余现金等。溢余资产价值采用成本法对其确认。

　　8) 非经营性资产价值的确定

　　非经营性资产是指与企业收益无直接关系的，未参与预测的资产，此类资产不产生利润，采用已核实后的账面值对其价值确认。

　　9) 单独评估的长期股权投资的确定

　　单独评估的长期股权投资是指被评估单位持有的不实施控制的联营或合营企业的长期股权投资。本案例评估以核实后的账面价值作为单独评估的长期股权投资评估值。

　　10) 付息债务价值的确定

　　付息债务是指评估基准日被评估单位需要支付利息的负债。评估基准日被评估单位无付息负债。

　　2. 采用市场法求取估价对象的价值

　　市场法是指将评估对象与可比上市公司或者可比交易实例进行比较，确定评估对象价值的评估方法。上市公司比较法和交易案例比较法的共同特点是均需要使用相应的价值比率（乘数）进行对比，并最终以此为基础评估出被评估单位的价值。

　　被评估单位的主营业务为游戏产品研发和运营，其主要市场位于北美和澳大利亚地区。虽然游戏行业近年并购市场较为活跃，但是与被评估单位在主营业务、主要市场和业务规模上可比的交易实例并不多。同时，评估人员通过公开信息所能获取的境外并购实例交易标的信息有限，无法达到市场法评估所需的完整资料和信息要求，故本次评估不适合采用交易案例比较法。

　　相较而言，主营业务为游戏产品研发和运营且主要市场包括北美与澳大利亚地区的上市公司信息披露较充分且有规律，能够满足上市公司比较法的信息要求。故本次评估适合选用上市公司比较法。

　　1) 选择可比上市公司

　　(1) 选择资本市场。在明确被评估企业的基本情况后（包括评估对象及其相关权益状况，如企业性质、资本规模、业务范围、营业规模、市场份额、成长潜力等），选择美国证券市场作为选择可比上市公司的资本市场。

　　(2) 选择准可比上市公司。在明确资本市场后，选择与被评估单位属于同一行业、从事相同或相似的业务、主营业务所在地区相同或接近的可比上市公司作为准可比上市公司。

（3）选择可比上市公司。对准可比上市公司的具体情况进行详细的研究分析，包括主要经营业务范围、主要目标市场、业务结构、经营模式、公司规模、盈利能力、所处经营阶段等方面。通过对这些准可比上市公司的业务情况和财务情况的分析比较，选取具有可比性的上市公司。

2）分析调整业务、财务数据和信息

对所选择的可比上市公司的业务和财务情况与被评估企业的情况进行比较、分析并作必要的调整。首先，收集可比上市公司的各项信息，如上市公司公告、行业统计数据、研究机构的研究报告等。其次，对上述从公开渠道获得的市场、业务、财务信息进行分析调整，以使参考企业的财务信息尽可能准确及客观，使其与被评估企业的财务信息具有可比性。

3）选择、计算、调整价值比率

价值比率通常包括盈利价值比率、收入价值比率、资产价值比率和其他特定价值比率。根据被评估单位所处行业特点，被评估单位属于网络游戏行业，为典型的轻资产型企业，其企业价值与其账面净资产或总资产等资产类指标的倍数关系参考意义不大，故本案例的市场法评估不适合选用资产价值比率。

净利率/毛利率、资本结构、税收政策等因素对于收入价值比率影响较大，收入价值比率更适用于净利率/毛利率、资本结构、税收政策等相当的企业，而处于网络游戏行业的公司在资本结构、税收政策等方面表现出较大不同，因此不适合采用收入价值比率。

盈利价值比率主要包括市盈率(P/E)、企业价值倍数(EV/EBITDA)等。而相较于市盈率(P/E)，企业价值倍数(EV/EBITDA)不受各公司资本结构、税收政策和折旧摊销等影响，能更加准确地反映企业价值。故选择收益基础价值比率中的企业价值倍数(EV/EBITDA)比率乘数作为此次市场法评估的价值比率。

采用企业价值倍数(EV/EBITDA)价值比率的估值公式为：

被评估单位股东全部权益价值＝(可比上市公司调整后企业价值倍数×被评估单位预测 EBITDA－付息负债)×(1－缺少流通性折扣率)＋溢余资金＋非经营性资产负债＋未纳入合并范围的长期股权投资价值

4）运用价值比率

在计算并调整可比上市公司的价值比率后，与评估对象相应的财务数据或指标相乘，计算得到需要的权益价值或企业价值。

5）其他因素确认

溢余资产、非经营性资产、长期股权投资、有息债务的价值确定同收益法。

(六) 估价结果确定

1. 收益法评估结果

收益法评估后的股东全部权益价值为人民币 3 365 127.64 万元(508 588.65 万美元),相对于 AIF 合并口径下的归属于母公司所有者权益,增值额为人民币 2 772 921.52 万元(419 085.56 万美元),增值率为 468.24%。

2. 市场法评估结果

市场法评估后的股东全部权益价值为人民币 5 616 831.74 万元(848 900.00 万美元),相对于 AIF 合并口径下的归属于母公司所有者权益,增值额为人民币 5 024 625.63 万元(759 396.91 万美元),增值率为 848.46%。

3. 评估结论

收益法评估后的股东全部权益价值为 3 365 127.64 万元,市场法评估后的全部权益价值为 5 616 831.74 万元,两者相差 2 251 704.10 万元,差异率为 40.09%。

收益法评估主要是从企业未来经营活动所产生的净现金流角度反映企业价值,是从企业的未来获利能力角度考虑,并受企业未来现金流、经营状况、资产质量及风险应对能力等因素的影响。评估对象 AIF 公司作为一家主营游戏的轻资产公司,凭借其优秀的管理、研发、策划、经营能力长期占据休闲社交、棋牌类网络游戏行业市场份额的榜首。企业在人力资源、运营渠道、核心游戏开发及竞争优势等方面较其他行业内游戏开发公司拥有较大优势。

收益法中预测的主要参数与基于评估假设推断出的情形一致,评估程序实施充分,对未来收益的预测有比较充分、合理的依据,对细分行业、细分市场的历史、现状及未来进行了严谨分析,预测符合市场规律。因此收益法评估结果能够很好地反映企业的预期盈利能力,体现出企业的股东权益价值。而市场法则需要在选择可比上市公司的基础上,对比分析被评估单位与可比上市公司的财务数据,并进行必要的调整,与收益法所采用的被评估单位自身信息相比,市场法采用的上市公司比较法受市场公开信息限制,对价值比率的调整和修正难以涵盖所有影响交易价格的因素。鉴于本案例评估的目的,考虑到在理性投资者眼中的股权价值是基于未来给投资者的预期现金流回报来估算的,投资者更看重的是被评估企业未来的经营状况和获利能力,故选用收益法评估结果更为合理。

根据上述分析,本资产评估报告评估结论采用收益法评估结果,即 AIF 公司的股东全部权益价值评估结果为 3 365 127.64 万元。

本资产评估报告没有考虑由于具有控制权或者缺乏控制权可能产生的溢价或者折价对评估对象价值的影响。

三、分析思路

根据《资产评估执业准则——资产评估报告》(中评协〔2018〕35号附件)第二章相关规定,资产评估报告基本要求主要包括以下几个方面:

(1) 资产评估报告陈述的内容应当清晰、准确,不得有误导性的表述。

(2) 资产评估报告应当提供必要信息,使资产评估报告使用人能够正确理解评估结论。

(3) 资产评估报告的详略程度可以根据评估对象的复杂程度、委托人要求合理确定。

(4) 执行资产评估业务,因法律法规规定、客观条件限制,无法或者不能完全履行资产评估基本程序,履行的弥补程序缺失,且未对评估结论产生重大影响的,可以出具资产评估报告,但应当在资产评估报告中说明资产评估程序受限情况、处理方式及其对评估结论的影响。如果程序受限对评估结论产生重大影响或者无法判断其影响程度的,不得出具资产评估报告。

(5) 资产评估报告应当由至少两名承办该项业务的资产评估专业人员签名并加盖资产评估机构印章。法定资产评估业务的资产评估报告应当由至少两名承办该项业务的资产评估师签名并加盖资产评估机构印章。

(6) 资产评估报告应当使用中文撰写。同时出具中外文资产评估报告的,中外文资产评估报告存在不一致的,以中文资产评估报告为准。资产评估报告一般以人民币为计量币种,使用其他币种计量的,应当注明该币种在评估基准日与人民币的汇率。

(7) 资产评估报告应当明确评估结论的使用有效期。通常,只有当评估基准日与经济行为实现日相距不超过1年时,才可以使用资产评估报告。

四、理论依据

(一) 资产评估报告的基本内容

1. 资产评估报告的声明

资产评估报告的声明通常包括以下内容:

(1) 本资产评估报告依据财政部发布的资产评估基本准则和中国资产评估协会发布的资产评估执业准则和职业道德准则编制。

(2) 委托人或者其他资产评估报告使用人应当按照法律、行政法规规定和资产评估报告载明的使用范围使用资产评估报告;委托人或者其他资产评估报告使用人违反前述规定使用资产评估报告的,资产评估机构及其资产评估专业人员不承担责任。

(3) 资产评估报告仅供委托人、资产评估委托合同中约定的其他资产评估报告使用人和法律、行政法规规定的资产评估报告使用人使用；除此之外，其他任何机构和个人不能成为资产评估报告的使用人。

（4）资产评估报告使用人应当正确理解和使用评估结论，评估结论不等同于评估对象可实现价格，评估结论不应当被认为是对评估对象可实现价格的保证。

（5）资产评估报告使用人应当关注评估结论成立的假设前提、资产评估报告特别事项说明和使用限制。

（6）资产评估机构及其资产评估专业人员遵守法律、行政法规和资产评估准则，坚持独立、客观、公正的原则，并对所出具的资产评估报告依法承担责任。

（7）其他需要声明的内容。

2. 资产评估报告的摘要

资产评估报告的正文之前应有该报告的主要内容摘要，方便报告的使用者浏览和了解该报告的主要信息。该摘要所述内容必须与评估报告中相关内容保持逻辑关系及意义上的一致，有关数据及评估结果必须与正文中的完全相同。为了防止误解和避免片面性，报告编制者应当提醒报告的使用者阅读全文。评估报告摘要应由资产评估师、评估机构法定代表人及评估机构等签字盖章并署名提交日期。

3. 绪言

报告绪言应写明该评估报告委托方全称并简要说明受托评估项目的基本情况。在绪言中还应明确说明评估报告的类型，即完整评估报告或简明评估报告。

绪言一般采用包含下列内容的表述格式：

"×××（委托人全称）：

×××（资产评估机构全称）接受贵单位（公司）的委托，按照法律、行政法规和资产评估准则的规定，坚持独立、客观和公正的原则，采用×××评估方法（评估方法名称），按照必要的评估程序，对×××（委托人全称）拟实施×××行为（事宜）涉及的×××（资产、单项资产或者资产组合、企业整体价值、股东全部权益、股东部分权益）在×××年××月××日的××价值（价值类型）进行了评估。现将资产评估情况报告如下。"

4. 委托人及其他资产评估报告使用人

资产评估师应当说明委托方、资产占有方和其他评估报告使用者的名称，分别介绍各方的基本情况，以及各方之间的隶属关系或经济关系。

5. 评估目的

评估目的应写明委托方对施行既定资产评估项目的需要或对评估结果的用途，写明与评估业务相关的经济行为。评估目的的表述应当清晰、具体，无歧义。如果与评估业务相关的经济行为需获得有关部门批准，则应将批准文件的名称、批准单位、批准日期及文号写出。报告载明的评估目的应当唯一。

6. 评估对象和评估范围

在评估范围中说明被评估资产为整体资产、单项资产、全部资产还是部分资产；说明纳入评估的各项资产（负债）的具体类型，列出评估前各项资产（负债）的申报账面价值和经审计或清产核资调整后的账面价值。当被评估资产为多家占有时，应说明各自的份额及对应资产类型。当纳入评估范围的资产与委托评估时确定的资产范围不一致时，应说明不一致的原因。

7. 价值类型及其定义

价值类型是影响和决定资产评估价值的重要因素，制约资产评估方法的选择。明确评估价值类型，可以更清楚地表达评估结果，可以避免委托方误用评估结果。价值类型一般可分为两大类，即市场价值和市场价值以外的价值。具体地，也可以表述为公允市场价值、持续经营价值、清算价值和强制清算价值等。

8. 评估基准日

一般地，评估基准日可根据经济行为的性质由委托方确定，或由有关各方商量确定。评估基准日应尽可能与评估时日及评估目的实现日接近。在确定评估基准日后，还应说明被评估资产在该基准日的状况及该基准日的成立条件。

9. 评估依据

资产评估师应当在报告中说明执行资产评估业务过程中所依据的法律、法规、政策文件、规范与标准。一般来说，评估依据包括经济行为依据、法律法规依据、准则依据、权属依据、取价依据等。

（1）经济行为依据应当为有效批复文件以及可以说明经济行为及其所涉及的评估对象与评估范围的其他文件资料。

（2）法律法规依据通常包括与国有资产评估有关的法律法规等。

（3）评估准则依据包括本评估业务中依据的相关资产评估准则和相关规范。

（4）权属依据通常包括国有资产产权登记证书、基准日股份持有证明、出资证明、国有土地使用证（或者国有土地使用权出让合同）、房屋所有权证、房地产权证（或者不动产权证书）、采矿许可证、勘查许可证、林权证、专利证（发明专利证书、实用新型专利证书、外观设计专利证书）、商标注册证、著作权（版权）相关权属证明、船舶所有权登记证书、船舶国籍证书、机动车行驶证、有关产权转让合同、其他权属证明文件等。

（5）取价依据通常包括企业提供的财务会计、经营方面的资料，国家有关部门发布的统计资料、技术标准和政策文件，以及评估机构收集的有关询价资料、参数资料等。

(6) 其他参考依据。

10. 评估方法

资产评估报告中应说明评估方法选择与评定估算的具体过程,包括评估方法及原理介绍、方法与参数选择理由、计算与分析的过程等。

11. 评估程序实施过程和情况

评估程序实施过程和情况是指评估机构和评估人员从接受评估项目委托起至提交评估报告的全过程。报告中应当说明评估业务承接情况,包括确定评估目的对象及范围、基准日以及拟订评估方案和确定评估人员组成等;说明资产清查鉴定和资料收集情况,包括资产清查审计、现场检测与鉴定、账表调整、数表填制、收集准备资料等;说明分析整理评估资料的过程与情况,包括资料检查、验证与分析、市场调查与询证等;说明评估结论与报告形成情况,包括初步结论与最终结论的形成过程、评估结论分析、撰写报告与说明、报告审查过程,以及意见征询和提交评估报告等。

在资产评估报告提交前,如果被评估资产在数量、质量和价值上发生重大变化,资产评估师应予以披露并揭示该期后事项对评估结论的影响。

12. 评估假设

资产评估结果成立于一定的假设条件下,资产评估师应当就此进行说明。评估报告应详细披露影响评估分析、判断和结论的评估假设和限制条件,并说明其对评估结论的影响。

13. 评估结论

评估结论一般应用文字和列表两种方式进行表述,即使用文字完整地叙述资产评估师的评估结论,对资产、负债、净资产等主要项评估前后的增减幅度进行说明,以及对委托方所要求的或特定的资产进行单独说明。评估结论中还应说明其他可能影响评估过程和结果的有关事项,也应提示评估报告使用者注意特别事项对评估结论的影响。评估报告中的评估结果表为简明汇总表,该表应分列各主要资产项、主要负债项、净资产项的申报账面值、调整后账面值、评估后的价值以及评估增减数值与增减幅度。该表还应单独列示委托方所要求的、特定的资产项数值。评估结论通常是确定的数值。经与委托人沟通,评估结论可以是区间值或者其他形式的专业意见。

14. 特别事项说明

评估报告的特别事项说明通常包括下列内容:权属等主要资料不完整或者存在瑕疵的情形;未决事项、法律纠纷等不确定因素;重大期后事项;重要的利用专家工作及相关报告情况。资产评估师应当说明特别事项可能对评估结论产生的影响,并重点提示评估报告使用者予以关注。

15. 评估报告使用限制说明

评估报告的使用限制说明通常包括下列内容：评估报告只能用于评估报告载明的评估目的和用途；评估报告只能由评估报告载明的评估报告使用者使用；未征得出具评估报告的评估机构同意，评估报告的内容不得被摘抄、引用或披露给公开媒体（法律、法规规定以及相关当事方另有约定的除外）；评估程序受限造成的评估报告的使用限制。评估结论不等同于评估对象可实现价格，评估结论不应当被认为是对评估对象可实现价格的保证。资产评估报告应当明确评估结论的使用有效期。通常，只有当评估基准日与经济行为实现日相距不超过1年时，才可以使用资产评估报告。

16. 评估报告日

评估报告载明的评估报告日通常为资产评估师形成最终专业意见的日期。

17. 评估机构与资产评估师签章

评估机构应在评估报告上署名并加盖公章，同时应当由评估机构法定代表人或合伙人和至少两名承办该项业务的资产评估师签名、盖章。

（二）资产评估报告附件的基本内容

资产评估报告的附件是指直接附在资产评估报告后面的备查文件。备查文件应包含与资产及评估事项相关的、重要的证照、文件、资料等，以供委托方及其他报告的使用者查证和参阅。评估报告附件一般包括以下内容：

（1）有关评估经济行为的文件。
（2）委托方与资产占有方营业执照（或个人身份证）复印件。
（3）委托方和相关当事方的承诺函。
（4）资产评估机构资格证书复印件。
（5）签字资产评估师资格证明复印件。
（6）评估机构营业执照复印件。
（7）主要资产权属证明文件。
（8）重要的作价依据资料。
（9）资产评估汇总表或者明细表。

五、关键要点

（1）关键所在：明确资产评估报告书编制的技术要点，分别从文字表达、格式和内容、评估报告书的复核与反馈、撰写报告书应注意的事项分析。

（2）关键知识：企业价值评估及报告撰写。

（3）能力点：通过案例学习，掌握企业价值评估方法的运用及其评估报告编制的知识点。

六、结语

该案例以 AIF 公司为例,详细介绍了其企业价值评估以及报告撰写过程,希望读者能够掌握评估报告撰写的技术要点。

思考题

(1) 影响资产评估报告的基本要求有哪些?
(2) 请列举资产评估报告涉及哪些内容。
(3) 请列举资产评估报告的作用主要体现在哪些方面?